VIVA LA ROBOLUTION

UNE NOUVELLE ÉTAPE POUR L'HUMANITÉ

www.editions-jclattes.fr

Bruno Bonnell

VIVA
LA ROBOLUTION

UNE NOUVELLE ÉTAPE POUR L'HUMANITÉ

Avec la collaboration de Daniel Ichbiah
et Serge Piediscalzi

JC Lattès

Illustrations : © Noël Barbier.
noel.barbier@free.fr

ISBN : 978-2-7096-3537-0

Première édition mai 2010.

À Virginie, Benjamin, Marine et Balthazar,
mes anges gardiens.

Bookstrapping

Ce livre est un livre augmenté. Il se prolonge sur Internet ou vous trouverez des photos, vidéos et détails sur les robots décrits dans l'ouvrage.

Les sites web sont signalés par des QRCodes comprenant une icone et une adresse Internet. Par exemple :

http://viva.ht/1

Pour accéder aux sites web mentionnés au fil des pages, vous pouvez :

— taper directement l'adresse Internet placée à côté de chaque code ;

— ou pointer les pictogrammes placés sous le texte avec la caméra de votre téléphone portable en téléchargeant une application d'un lecteur de QRCodes (disponible sur Internet sur la plupart des smart-phones).

Vous pouvez télécharger un lecteur gratuit de QRCodes pour iPhone, en tapant directement dans un navigateur web l'adresse http://viva.ht

Bookstrapping est une technologie OZWE (http://www.ozwe.com).

L'auteur vous invite à réagir à cette robolution à l'adresse suivante : viva@robopolis.com

Préface

Lyon, 1969.

J'ai dix ans. Dix ans dans mon corps, cent ans dans la tête et mille ans dans mon cœur. À dix ans, éternel, on vit l'instant au futur et l'on parle aux étoiles. Je ne déroge pas à cette règle du monde.

Ma famille fait partie de ce million de gens qu'une guerre fratricide a déracinés. Fraîchement rapatriés d'Algérie, mes parents fonctionnaires ont été affectés à Villeurbanne au cœur de l'Institut National des Sciences Appliquées, jeune école d'ingénieurs en construction sur un ancien terrain militaire bordé d'une digue contenant les colères du Rhône.

Cette friche se transformera au fil du temps en haut lieu des sciences et techniques. Des laboratoires flambant neufs y remplacent déjà les carcasses d'anciennes écuries de régiments de cavalerie, et des salles de cours les baraquements de soldats maintenant cantonnés dans d'autres lieux. Sur les cendres des rêves de gloire militaire se construit avec obstination l'avenir d'un monde moderne où la science œuvrera pour le bien des hommes. C'est la conviction de l'époque, celle des trente glorieuses, celle des équipes qui avaient choisi ce lieu improbable pour bâtir un chantier universitaire que l'on n'appelle pas encore campus.

L'énergie de ces bâtisseurs a d'ailleurs été décuplée par les événements récents qui ont secoué notre pays. Il n'y a pas un an, on découvrait une plage sous les pavés de Paris et la France, fidèle à sa devise, avait soif de liberté et d'égalité. La chienlit d'un général dépassé était devenue un élan de fraternité. La paix et l'amour se portaient au cou, accrochés à des lanières de cuir ou sur des foulards aux couleurs saturées. Ce nouveau symbole né en Californie était devenu l'emblème de toute une génération dont la naïveté apparente cachait surtout une force inouïe de transformation. « Il est interdit d'interdire » était devenu une profession de foi qui ouvrait grand les portes des possibles et réinventait la France. Cette embellie de mai, ce temps des cerises, avait choisi l'imagination et la création pour laver l'ancien monde.

Mais j'ai dix ans. J'attends avec impatience ce premier pas sur la Lune promis à l'humanité par un yankee visionnaire. Je vis dans ce chantier qui est mon aire de jeu. Je déplace mes cabanes dans les herbes folles au gré des bulldozers. Je parcours en vélo bleu et rouge mon territoire où je me transforme tour à tour en Magellan le cartographe, Edison l'inventeur ou Tintin l'explorateur. J'y croise en les moquant des étudiants, déguisés en hippies provinciaux, qui portent cartables et cheveux longs. Je les suis parfois pour me glisser dans leurs foyers enfumés où les joutes oratoires décrivent avec exaltation les contours d'une nouvelle ère. Loin d'en comprendre tous les mots, j'apprécie la musique de ces discours d'espoir et de renouveau.

Dans le chaudron de ces diatribes chaotiques, j'associe à loisir et avec plaisir les mots Science et Révolution. Ils deviennent pour moi indissociables, comme une poule et son œuf, l'un entraînant l'autre dans un cycle positif d'invention permanente. Bien plus tard, cette conviction m'entraînera vers des métiers où la science peut changer le monde.

Mais pour l'heure, j'ai dix ans. Ma préoccupation de l'instant est mon nouveau projet secret. Celui qui n'est partagé qu'avec quelques rares camarades de classe sélectionnés avec rigueur. Jean-Marie, qui m'a courageusement accompagné dans les souterrains d'un bâtiment sinistre malgré une lampe torche défectueuse ; Philippe, qui a subtilisé un morceau de galène brute de la collection de pierres de son frère pour fabriquer une radio inaudible ; Christian, enfin, qui a convaincu son père garagiste de nous donner accès à de véritables outils pour nos projets toujours grandioses.

Au-delà des raisons pratiques, j'ai surtout choisi cet équipage pour la passion que nous partagions tous pour les sciences et la découverte. On plante souvent dans son enfance les graines de son avenir. Les jeux et les rêves de notre groupe d'aventuriers en short m'ont certainement donné le goût des projets et convaincu que rien ne s'entreprend tout seul. Réunir des talents pour un objectif commun, aussi modeste ou ambitieux soit-il, s'est forgé alors en une ligne de force de ma vie. Nous avions même créé une devise, « Plus haut ensemble ! », en hommage aux astronautes d'Apollo qui allaient bientôt fouler la poussière lunaire.

Un jeudi de printemps, je soigne la mise en scène pour la présentation de ma nouvelle idée en réunissant la troupe dans notre nouvelle cabane, un laboratoire de carton et de tôle caché dans les broussailles. Mon nouveau projet, que je souligne comme ré-vo-lu-tion-naire en détachant les syllabes pour singer les étudiants tribuns, allait transformer nos vies et même, pour faire bon poids, probablement changer la face du monde. Qu'il est bon d'avoir dix ans ! Cette déclaration, pourtant faite solennellement dans notre havre de branchages, n'émeut que peu mes camarades habitués à mes emportements. Par politesse, ils ne répondent pas comme à l'accoutumée, d'un sec « comme d'habitude » en fredonnant une mélodie déjà très connue à l'époque. Ils connaissent tous ma réaction boudeuse à cette moquerie.

Impatients et intrigués tout de même, ils réclament que je dévoile rapidement ce mystère car le soleil nous invite plutôt à jouer au foot qu'à rester enfermés pour réinventer la science. Je n'ai donc pas le temps de faire durer le plaisir. Le plus agile attrape le cahier de brouillon chiffonné que je viens de sortir de ma poche et l'ouvre prestement.

Frustré de ne pas avoir pu effeuiller ma vision, je garde néanmoins le sourire, guettant leur réaction. À dix ans, on conjugue l'enthousiasme en temps réel, sans calcul ni posture. J'ai finalement réussi mon coup. Sur leurs visages poupins, mal dégrossis de l'enfance, se lit l'étonnement qu'ils soulignent tous trois d'une exclamation de plaisir. Ma petite bombe a explosé dans leurs têtes en milliers d'idées impossibles.

Ce n'est pourtant qu'un schéma, un vague gribouillis, une ébauche tachée d'encre. Un personnage étrange occupe le centre du dessin. Il a un corps carré, des jambes raides et des bras qui touchent presque le sol. Il semble immobilisé comme piqué dans le sol. À ses pieds est griffonnée une fleur, symbole d'espoir et de puissance d'une époque qui avait choisi le flower power comme hymne international. Ce pantin approximatif, tel saint Sébastien au supplice, est bardé de flèches rouges qui mènent à des commentaires pleins de fautes d'orthographe mais encadrés proprement. Un mot est inscrit dans un losange, un autre au centre d'un cercle, et des points d'interrogation ponctuent l'ensemble. On dirait un schéma technique sorti d'une bande dessinée de Blake et Mortimer.

J'avais en fait emprunté à mon père, pour réussir mon œuvre, et surtout ses encadrements polygonaux, une règle spéciale. Véritable trésor, elle était l'outil fondamental d'une nouvelle technique de l'époque qu'il étudiait : l'analyse informatique. Sur ce morceau de plastique orange translucide étaient gravés des pochoirs permettant de tracer des formes diverses et des lettres en écriture bâton. Cette réglette, indispensable pour élaborer les organigrammes, régnait sur les schémas logiques à la base de la programmation de langages oubliés comme le Cobol ou le Fortran.

Mon père répétait souvent, avec ce sceptre de savoir en main, que l'avenir de l'administration passait par la maîtrise de ces armoires que l'on appelait déjà ordinateurs. Nous ne savions pas que cette règle était une clef de mon futur et que mon destin allait m'amener à marier un jour les termes informatique et programme pour inventer le nom de ma première entreprise Infogrames. Dans ma chambre d'enfant, la règle était juste pratique et me servait tout d'abord à réussir des rectangles au cordeau, des losanges parfaits et des cercles élégants.

À dix ans, dans cette cabane laboratoire, nous sommes les maîtres du monde, de notre monde idéal. Ce brouillon enluminé d'un personnage extraterrestre devient notre passeport pour l'avenir. Nous avons trouvé notre Graal, notre ultime projet. Tous les quatre, moi compris, comme si je le voyais pour la première fois, nous admirons ce dessin d'enfant, fascinés par son titre en écriture bâton tremblante mais appliquée, qui nous transporte au-delà de nos rêves. Nous allons fabriquer un… ROBOT !

Déjà les remarques fusent, les pourquoi, les comment, chacun essayant d'apporter de l'eau au moulin de cette idée folle. J'explique que ce n'est pour l'instant qu'un prototype expérimental, comme je l'ai déjà entendu dans une émission de vulgarisation à la télévision chez Jean-Marie, le seul à disposer d'un poste TV en couleur de la taille d'un buffet normand. Notre robot sera animé par le moteur électrique récupéré sur une vieille machine à laver repérée dans une benne du chantier et composé de parties en bois à construire. Les bras seront mobiles, directement branchés sur l'axe du moteur. Son objectif est clair : effrayer les oiseaux. C'est un robot épouvantail.

Quelques semaines plus tard, pendant l'été, je finirai ce projet avec un seul de mes amis, Christian, les autres étant déjà partis à la plage ou chez leurs grands-parents pour le bon air. Nous installerons notre robot épouvantail dans un jardin, près d'une maison pour pouvoir le brancher. Il ne vivra que quelques secondes avant de s'éparpiller au vent et d'exploser son moteur rouillé. Notre œuvre s'achèvera en fiasco mais en riant.

Ce sera notre dernier projet. Après les grandes vacances, nous aurons grandi et oublié nos rêves et revers de jeunesse. Ils seront effacés par le petit pas pour l'homme qui devint pas de géant pour l'humanité. Ils seront aussi gommés de nos mémoires par le temps qui passe et nous pousse vers de nouvelles rives. D'autres aventures ponctueront ma vie. Mon enthousiasme restera intact, privilège qui me permet encore aujourd'hui de toujours regarder vers l'avant.

Face aux morceaux épars de mon robot de dix ans, je me rappelle avoir affirmé solennellement à mon ami déçu : « T'inquiète, dans cinquante ans, il y aura plein de robots qui fonctionneront ! » Je ne savais pas si bien dire.

Introduction

Lyon, mars 2010.

« Balthazar, mon fils, aura mon âge actuel le lundi 13 mai 2056. Il vivra dans un monde complètement différent d'aujourd'hui, entouré de robots au travail et à la maison, assisté en permanence dans son quotidien par des machines intelligentes. J'espère être à côté de lui pour fêter mon centenaire et rire du bon vieux temps où il fallait conduire soi-même son véhicule et taper sur un clavier d'ordinateur… »

Ce monde, peuplé de machines intelligentes et connectées qui assistent notre quotidien, est au coin du siècle. Ce futur au cours duquel faire du sport avec un robot, se laisser conduire dans un véhicule sans chauffeur, ou bien confier son corps à une machine entièrement autonome pour une opération chirurgicale délicate, sera banal et fera partie de notre vie de tous les jours. Ce futur qui paraît si loin, si irréel, presque impossible et pourtant…

Quelques-unes des inventions du XXe siècle paraissaient pourtant tout aussi fantaisistes à nos aïeux qui les réservaient aux scénarios de film de science-fiction en noir et blanc, comme *Metropolis* de Fritz Lang. La télévision, le téléphone sans fil, l'ordinateur sont tous nés après la Seconde Guerre mondiale.

Dans les années 50, les « pulps », romans d'anticipation sur mauvais papier, décrivaient avec force détails des Martiens envahissant la Terre. Leurs auteurs populaires n'imaginaient toutefois pas que les humains sauraient conquérir la Lune seulement vingt ans plus tard.

Je me souviens avoir passé les concours d'ingénieur, en 1978, avec une règle à calcul en bakélite. Les premières calculatrices à diodes luminescentes rouges venaient d'apparaître sur le marché, mais n'étaient pas autorisées durant les épreuves… car peu fiables.

Prendre le risque de décrire le futur reste un exercice de haute voltige où l'on se trompe souvent d'échelle de temps. Certaines inventions sont annoncées trop tôt, comme la voiture volante ou la fusion froide, d'autres surprennent par leur vitesse d'apparition comme le portable ou l'ordinateur. Bill Gates prédisait dans les années 80 un ordinateur sur chaque bureau, mais ne le voyait pas dans chaque poche avant l'an 2000. Les inventeurs du réseau d'échange d'informations Arpanet, à l'origine d'Internet, ont établi leur première liaison universitaire le 21 novembre 1969. Ils étaient loin d'imaginer que chaque foyer communiquerait, visionnerait des films ou ferait des courses sur le Web trente ans plus tard.

Une théorie débattue, la Singularité, affirme que le progrès scientifique suit une courbe exponentielle de développement. Si l'on accepte, comme moi, cet axiome du pape de la futurologie Ray Kurzweil, il adviendra plus de révolutions technologiques au cours des cinquante prochaines années que nous n'en avons connu lors des cent cinquante dernières.

Pour donner une idée de ces bouleversements, il faut donc comparer notre vie actuelle à celle de l'époque des calèches et des bœufs au labour. L'électricité balbutiait, les moteurs à explosion pétaradaient et les routes n'étaient pas encore recouvertes par l'invention de sir McAdam. En un siècle et demi, le monde s'est réinventé.

Nous devons nous attendre, au cours des cinquante prochaines années, à ce que notre quotidien connaisse une transformation tout aussi importante. Vaste programme dont le présent essai ne va développer qu'un seul aspect mais de taille : la révolution des machines intelligentes et des robots de service, la « robolution ».

Ce néologisme puissant veut souligner le caractère disruptif de cette étape des sciences et techniques.

Il ne s'agit pas, en effet, d'anticiper des machines encore plus performantes grâce à de nouveaux alliages et des microprocesseurs inouïs. Il est question cette fois-ci de montrer que nous sommes à l'aube d'une nouvelle génération. Après l'outil, après la machine, bienvenue dans l'ère du robot.

Depuis la découverte du grattoir en silex, l'homme a toujours cherché à augmenter ses capacités d'agir sur le monde. Avec l'outil, il a prolongé son propre corps, s'est inventé les griffes et crocs que la nature ne lui a pas donnés. Il a fait progresser les matériaux en passant de la pierre au métal. Pour décupler sa propre force, insuffisante pour les grands travaux, l'homme créa ensuite les machines. Elles l'aident à réaliser des projets toujours plus ambitieux comme bâtir des ponts, des bateaux et des cathédrales.

Bien plus tard, la révolution industrielle a substitué le moteur à la force animale avec de bien meilleurs rendements. La fée Électricité a plus récemment permis de travailler la nuit, de miniaturiser, d'automatiser notamment grâce à sa fille naturelle, l'électronique.

Toute cette progression, aussi spectaculaire soit-elle, ne gardait néanmoins qu'un seul objectif : améliorer les performances des outils, des instruments ou des machines. L'homme conservait systématiquement l'initiative, le contrôle et la maîtrise de l'exécution du travail. Il restait le pilote, le conducteur, ou le donneur d'ordre. Il n'a jamais été question d'abandonner le pouvoir de décision final à une intelligence artificielle.

L'avènement des machines autonomes est une nouvelle étape où l'être humain va effectivement déléguer aux robots des tâches en pleine responsabilité. Ils se substitueront à lui, prendront des initiatives, régleront des problèmes en toute indépendance. Ils ne se contenteront plus simplement de rester des compléments pour l'homme, mais viseront à l'assister, l'amplifier, l'augmenter.

Cette « robolution » et ses impacts sociétaux sont au cœur de cet ouvrage qui se décompose en trois parties. La première a pour objectif de définir, comprendre et mesurer les enjeux de la robotique de service. Elle analyse aussi comment sa perception a évolué depuis l'invention du terme en se concluant avec une brève histoire du robot.

Il existe déjà sur le marché des robots domestiques ou éducatifs. Le robot aspirateur Roomba travaille en totale autonomie dans plus de 5 millions de foyers. Le robot-copain Irobi assiste les maîtresses d'école pour animer la classe en Corée. Le chien robot Genibo est le meilleur ami électronique de l'homme dans le foyer, jouant avec les enfants et chassant les intrus.

De nombreux autres robots sont en train d'être élaborés dans des laboratoires universitaires et les centres de recherche industriels. L'objet du second volet de cet essai est de vous inviter à une exploration de ce monde savant qui imagine et construit ces machines intelligentes. Différentes sections y présentent leurs produits et prototypes dans différents secteurs d'applications : assistance à la personne, santé, éducation, sécurité, transport...

Des pistes de réflexions et d'actions pour préparer notre société réunies en un manifeste sur la robolution constituent la dernière partie. Il souligne les besoins urgents de formation de roboticiens pour mieux comprendre et maîtriser les innovations liées à la robotique. Il suggère des voies

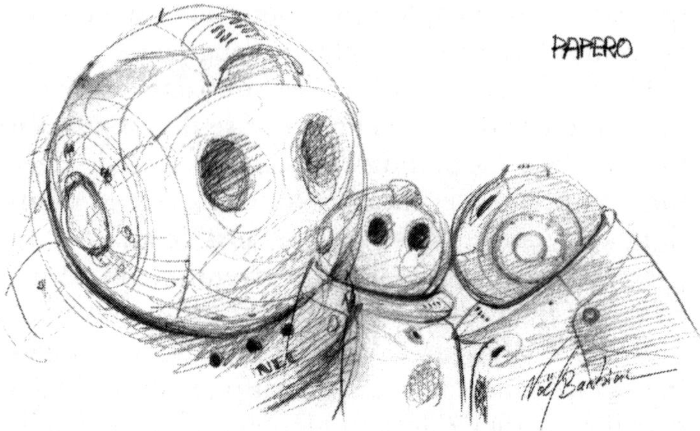

audacieuses pour profiter de la vague robotique et gonfler les voiles du vaisseau France. Il conclut sur les bases de nouveaux rapports de l'homme à ces machines intelligentes.

Cet ouvrage veut transformer les perceptions étroites et fantasmatiques des robots tantôt vus par les humains comme des esclaves mécaniques, tantôt comme des rivaux. L'intelligence apportée aux machines est un nouveau prisme de compréhension du monde. Elle permet de libérer l'homme de tâches ingrates ou dangereuses mais surtout apporte des solutions originales à des questions diverses allant de l'exploration de l'espace au maintien à domicile des personnes âgées ou malades.

Les robots ne sont pas une panacée et leurs technologies révolutionnaires n'ont pas la préten-

http://viva.ht/38

tion de résoudre tous les problèmes du monde. Je suis persuadé qu'elles participeront sans aucun doute à son mieux-être. C'est déjà un pas de plus vers un monde meilleur.

VIVA LA ROBOLUTION !

I

VOUS AVEZ DIT ROBOTS ?

1. Questions pour un robot

Qu'est-ce qu'un robot exactement ? Cette question, anodine, appelle des réponses variées au gré des représentations construites à partir de mises en scène dans la littérature ou au cinéma. Depuis près d'un siècle, le robot fascine ou effraie, tantôt ami, tel le R2-D2 de George Lucas, tantôt ennemi, à l'instar du Terminator I interprété par Schwarzenegger. Certains lui accordent une forme humaine, influencés peut-être par l'androïde Maria de *Metropolis* de Fritz Lang. D'autres le voient comme un assemblage baroque de composants électroniques comme le Numéro 5, Johnny 5 comme il se nomme lui-même, de *Short Circuit* ou une boîte de conserve éternelle comme le Wall-E de Andrew Stanton chez Pixar.

En posant la question « qu'est ce qu'un robot ? », on entrouvre une boîte de Pandore encore plus vaste que celle de « qu'est-ce qu'une machine ? ». Au-delà des aspects mécatroniques, mécaniques et électroniques, on réveille les fantasmes sur les créatures non humaines avec leurs lots d'angoisses et de tabous. Mais sans aller si loin, contentons-nous d'établir une définition formelle du robot et plus spécifiquement du robot de service.

Peut-on définir un robot par sa fonction ?

Que peuvent avoir en commun Roomba, l'aspirateur autonome en forme de galette, l'humanoïde Nao, et Hospi, la plate-forme sur roulettes qui distribue les médicaments aux patients dans un hôpital d'Okayama au Japon ? Ils sont pourtant tous bel et bien appelés robots.

La première observation est qu'ils exécutent tous trois leurs tâches en pleine autonomie sans intervention humaine. L'un nettoie une moquette en évitant consciencieusement les meubles du salon et retourne à sa base lorsqu'il a terminé. Le second reconnaît les visages, s'anime spontanément pour raconter des histoires ou donner des informations et participe à la vie de famille. Le troisième enfin tient la vie de patients dans le fond de ses tiroirs automatiques s'il se trompe de posologie.

Nous pouvons mettre en lumière à ce stade deux aspects fondamentaux d'un robot : l'autonomie et la capacité à analyser son environnement.

Une autre constatation concerne leurs formes. Radicalement différentes, elles dépendent de leur fonction. On ne peut donc pas simplifier la définition d'un robot à son anthropomorphisme comme l'imagerie populaire le fait souvent. Les robots peuvent prendre divers aspects, comme ceux de machines classiques ou d'animaux. Leur design dépend des tâches qu'ils ont à accomplir et des environnements sur lesquels ils agissent. Nous verrons par la suite une large variété de robots personnels dont les designs sont parfois surprenantes et inattendues.

Le robot est donc plus défini par sa fonction – son fond – que sa forme.

Un autre constat est que les robots interagissent avec le monde réel. Si l'on déplace une chaise ou rajoute un tapis, Roomba adaptera sa procédure d'aspiration. Il ne suit donc pas un chemin préétabli comme un automate mais « réagit » aux changements de configuration de la pièce à nettoyer. Nao, robot humanoïde, est capable de distinguer parmi plus de dix visages ses amis ou les inconnus et d'adopter une attitude en conséquence. Hospi sait choisir et régler les prescriptions de médicaments en fonction de l'état de santé des patients. Les robots ont donc *des capacités d'adaptation à des événements.* Ils savent en outre *modifier leurs actions sur le monde réel* en conséquence.

On peut donc synthétiser les caractéristiques d'un robot en quelques mots : autonomie, capacité à analyser les changements, capacité de décision, action sur le monde réel.

À partir de cette courte liste, osons quelques définitions. Les formules descriptives pourraient être : un automate de nouvelle génération bourré d'informatique, un ordinateur mutant grâce aux évolutions de la mécatronique, une machine intelligente autonome, un animal mécanique fonctionnel… Il est encore trop tôt pour conclure.

Faut-il plutôt définir un robot par son rapport à l'homme ?

Rajoutons une pincée d'histoire à notre réflexion. Le mot robot est apparu au début des années 20, sous la plume de Karel Čapek, l'un des grands écrivains tchèques du XXe siècle qui l'inventa dans une de ses pièces, *Rossom's Universal Robots*, à partir de la racine *robota* signifiant esclave dans sa langue. Nous en reparlerons en détail dans le chapitre « Une brève histoire des robots ». Dans sa pièce, il crée le mot robot pour dénommer l'homme artificiel au service de l'homme naturel. Ce terme est devenu depuis universel, adopté et compris quasiment de la même façon dans tous les pays du monde. Une destinée originale pour ce nom commun d'origine slave, du latin *slavius*, qui a donné naissance au mot « esclave » ; belle revanche.

Le terme robot est donc apparu antérieurement à la naissance et au développement de l'informatique et bien après la naissance des premières « créatures » artificielles, automates et autres Golems, qui pour certaines d'entre elles datent de l'Antiquité. Il est le fruit d'un espoir, d'un rêve d'écrivain qui souhaitait alléger la pénibilité du travail et cherchait un substitut aux humains opprimés.

L'imagination d'autres auteurs a développé les capacités des robots pour en faire non seulement des esclaves mécaniques mais également des amis, des assistants, des soldats au service de l'homme pour le pire et le meilleur. Le grand auteur de science-fiction Isaac Asimov décrit leur évolution jusqu'à des égaux de l'être humain dans son histoire du futur. Voilà donc une autre approche de la définition d'un robot : un partenaire mécatronique de l'homme. Après nos premières définitions fonctionnelles, en voici une plus sociale qui flirte avec la philosophie. Le robot perçu comme un compagnon disponible avec des capacités complémentaires aux nôtres.

Faut-il se contenter de parler technologie ?

Explorons une dernière voie, celle de la technologie. La structure technique d'un robot est la combinaison de trois éléments indissociables :

- une unité programmable pour raisonner, l'équivalent électronique d'un « cerveau »,
- des capteurs pour analyser l'environnement, des « sens »,
- des actionneurs pour interagir avec le monde réel, des « membres » mais aussi des haut-parleurs, des rayons laser…

Ainsi pourvu, le robot suit un cycle perception-analyse-action en s'adaptant et réagissant aux informations qu'il capte en temps réel.

Dans le corps ou dans la tête d'un robot évolué réside un micro-ordinateur programmable capable de gérer la perception d'un changement de facteurs dans l'environnement, une prise de décision et une réaction. Le robot est ainsi capable, à partir d'une analyse de ce qui l'entoure, de décider et d'exécuter simultanément des tâches logiques en parallèle. Les missions simples comme le nettoyage ou complexes comme la sécurité ou le bien des personnes fonctionnent toutes sur ce principe général.

Un robot n'est-il finalement qu'une merveille de logique ? Un superordinateur mobile capable de réagir à son environnement ? Et s'il était bien plus que ça ? Nous devons creuser plus profondément la notion d'intelligence artificielle pour répondre.

Un robot est-il bête ou intelligent ?

Le robot possède un ensemble de programmes informatiques sophistiqués regroupés sous le terme ambigu d'Intelligence Artificielle, concept qui a alimenté de nombreux fantasmes. Jusqu'où un robot sera-t-il capable de réfléchir ? Dépassera-t-il un jour l'entendement humain ? Vaste sujet générant des débats entre deux camps passionnés, les uns portant les couleurs de leurs convictions et les autres un scepticisme inébranlable. Nous ne pouvons ignorer ce débat et ses arguments qui ne sont pas sans impact sur notre recherche d'une définition du robot.

Dans un article publié en 1950 dans le magazine *Mind*, le mathématicien Alan Türing a construit un test de conversation appliqué à l'intelligence artificielle, qui permettrait de faire taire les sceptiques. « Si un ordinateur était en mesure de faire croire qu'il est une femme et non une machine, dans 70 pour cent des cas, nous serions habilités à parler de machine pensante. » Il est à noter qu'à ce jour, aucun ordinateur n'a réussi à passer ce test.

En dépit de cet échec, certains visionnaires du domaine veulent y croire encore au vu des performances exponentielles des microprocesseurs. Ils affirment qu'un robot réussira bientôt le test de Türing. Mieux encore, pour certains zélateurs particulièrement vifs de la technologie comme Ray Kurzweil, les ordinateurs devraient tellement évoluer qu'aux alentours de 2035, leurs « cerveaux » seront des centaines de fois plus puissants que le nôtre… Et nous ne pourrions plus les comprendre ! À ceux qui trouvent ces affirmations ridicules, ils répondent que nous avons déjà connu des banquiers dépassés par la complexité des modèles mathématiques de certains produits dérivés financiers. Ils n'avaient pas anticipé leur impuissance à maîtriser l'emballement de ces programmes pourtant si simples comparés à ceux des robots à venir…

Ray Kurzweil va même jusqu'à prétendre qu'à partir d'une certaine étape (vers le milieu du XXIe siècle…), les robots pourraient utiliser leur forme d'intelligence surmultipliée pour définir et construire eux-mêmes leur prochaine génération… Des robots capables de se reproduire entre eux ? Une vision folle qui excite et inquiète à la fois.

Sans sombrer dans une mythologie futuriste à la *Terminator* ou *Matrix*, l'évolution vertigineuse de la puissance des microprocesseurs associée à leur miniaturisation permanente laisse présager des performances inconcevables. Rappelons-nous quelques exemples de l'histoire des sciences et techniques.

Qui aurait cru en février 1946, lorsque l'Eniac, le premier des ordinateurs dignes de ce nom, fut inauguré à l'université de Pennsylvanie, à leur évolution aussi spectaculaire en quelques années ? L'Eniac occupait un espace de 140 mètres carrés, pesait 30 tonnes, comportait 18 000 tubes à vide, imposait la manipulation physique des commutateurs et le branchement de plusieurs kilomètres de câbles. Plus qu'une machine, c'était une usine délivrant la puissance de calcul d'un boulier. Une sorte de version électronique de sauropode, cette classe de dinosaures de plusieurs tonnes au cerveau de souris. Qui aurait pu affirmer alors que soixante ans plus tard, nous disposerions d'ordinateurs mille milliards de fois plus performants et tenant dans une poche ?

Un autre exemple populaire démontre la difficulté à se projeter dans le futur et imaginer l'évolution d'une technologie. Au début des années 70, la fusée Saturn 5 emportait des hommes sur la Lune avec une puissance de calcul équivalente à celle de la Playstation PS2 qui fut lancée en l'an 2000 par Sony. Les capacités de cette console étaient si impressionnantes pour l'époque qu'il était possible d'en détourner l'usage à des fins militaires pour lancer des missiles balistiques. Une légende urbaine prétendait même qu'en raison d'un tel potentiel, elle était interdite à la vente dans certains pays sensibles. Une console de jeu de salon rassemblant la puissance d'une fusée spatiale était inimaginable au demeurant ! Et aujourd'hui, le microprocesseur de la PS2 pourrait tenir sur un ongle et a été largement détrôné par celui de la PS3. Une technologie chasse l'autre. La PS4 nous emmènera-t-elle sur Mars ?

Génial mon robot ?

En mai 1997, Deep Blue, un ordinateur de près de 2 tonnes conçu par la société d'informatique IBM, a battu aux échecs le champion du monde Gary Kasparov. Celui-ci, mauvais joueur, n'a d'ailleurs pas pu retenir sa colère en fin de partie, et accusa l'ordinateur d'être truqué et connecté à un joueur professionnel. Pas facile d'admettre une défaite face à un tas de ferraille et de silicium. Pour la première fois, une machine programmable démontrait sa puissance sur la réflexion humaine dans un affrontement purement cérébral. Peut-on, à partir de là, la qualifier de plus intelligente que l'homme ? Pas si vite.

L'ordinateur Deep Blue était obligé pour jouer chaque coup d'en étudier *toutes* les possibilités et conséquences, ce qui signifiait effectuer des millions de calculs à chaque tour, jusqu'à 200 millions par seconde… Le joueur d'échecs, même s'il calcule lui aussi, possède une approche plus globale de la partie et a établi généralement une stratégie. Il pressent les coups, il « voit » ce que l'autre va jouer, puisant dans son expérience, ses intuitions et ses émotions. Dans le cas de l'ordinateur ou du robot, nous ne sommes que dans des déductions mathématiques et des probabilités. Un robot raisonne donc logiquement mais ne pense pas.

Les résultats de sa réflexion peuvent être inattendus, comme les quelques coups de maître joués par Deep Blue et largement commentés entre spécialistes. Les actions qu'il génère grâce à ce processus peuvent sembler découler d'une intelligence autonome. Elles restent le fruit d'organigrammes logiques, de calculs effectués à une vitesse inouïe en suivant des plans pré-établis par des programmeurs et des chemins rigides de traitement de données. On est loin de l'inspiration, de l'association ou de l'improvisation, trois merveilleuses clefs de la pensée humaine.

Il en est de même pour l'aspirateur robot qui recule au lieu de tomber dans le vide d'une cage d'escalier. Est-ce que son comportement est intelligent ? Certains font remarquer qu'en tout cas, il semble avoir peur du vide et ne se blesse pas... Il n'est malheureusement ni intelligent, ni sensible au vertige. Il a simplement été programmé par des humains pour réagir de la sorte et suit lui aussi un processus logique : je comprends par mes capteurs de distance ou de couleur qu'il y a du vide après la marche, et j'agis en conséquence sur mes moteurs de roues pour effectuer un demi-tour.

La magie du robot perd de son mystère, mais son efficacité demeure. Pour l'instant en tout cas, ils restent assez bêtes mais demain qui sait ?

Artifice d'intelligence ?

Les programmes d'intelligence artificielle actuels ne suivent pas la logique, ou l'illogique, de l'intelligence humaine. L'homme accède à la connaissance du monde par le biais d'un assemblage de perceptions diverses mêlant l'observation, l'impression, l'intuition, l'expérience, la référence... Son cerveau, analysé aujourd'hui par différentes techniques d'imagerie médicale, fonctionne par excitation de ses différentes zones cérébrales. Écouter de la musique, réciter une table de multiplication, ou faire un mime par exemple sont clairement identifiables dans des régions distinctes du cerveau. On a découvert également que des activités apparemment sans rapport pouvaient stimuler des zones communes du cortex cérébral. Écouter une suite de Bach ou résoudre des équations mathématiques anime par exemple les mêmes parties du cerveau du lobe temporal gauche. La vieille croyance de parties dédiées spécifiquement à une fonction en a pris un coup dans l'aile. Nous sommes plus malins qu'il n'y paraît parfois.

L'action de penser chez un humain ne se réduit pas à une logique binaire, de type booléenne, combinant des zéros et des uns. Quelle que soit la sophistication des programmes informatiques, ils sont tous basés sur ce principe. Les formes d'intelligence artificielle et humaine semblent aussi comparables que des choux et des carottes. Elles ne sont en concurrence que sur une petite partie, celle du calcul absolu. L'ordinateur peut certainement compter plus vite, mais sur d'autres activités intellectuelles, plus intuitives, il perdra, à ce jour, toute compétition contre l'humain.

Marvin Minsky, fondateur du laboratoire d'intelligence artificielle du MIT, Massachusetts Institute of Technology, souligne dans plusieurs publications le paradoxe des actions faciles pour un humain qui sont difficiles pour un robot. Un enfant qui joue avec un cube dans un bac à sable, par exemple, met en œuvre beaucoup plus d'intelligence que la plus complexe partie d'échecs. Alors que le jeu d'échecs est codifiable et calculable, l'improvisation du bambin avec toutes les variations de son environnement tient d'une logique difficilement modélisable par une machine.

Un autre expert du MIT et co-fondateur d'iRobot, Rodney Brooks, a provoqué dans les années 90 un changement radical d'approche de l'intelligence artificielle appliquée à la robotique avec sa publication « Elephants don't play chess », les éléphants ne jouent pas aux échecs. Il y détaille pourquoi une description symbolique du monde et sa mise en équations dans cette « mer de symboles » ne suffisent pas à appréhender sa réalité. Prenons l'exemple simpliste d'attraper une pomme sur une table. Les symboles peuvent être les noms des objets, pomme, table, leur position et leur relation,

http://viva.ht/1

la pomme est *sur* la table. Mais est-elle entière ? Dans une assiette ? Est-elle mangeable, cuite ou crue, épluchée ou non ?… Autant d'informations à continuer de symboliser à l'infini et qui multipliées par le nombre d'événements dans une situation réelle rendent les calculs proprement impossibles.

Il propose une approche plus pragmatique d'essais-erreurs par un enregistrement de ces informations en temps réel grâce à des capteurs qui ne traduisent pas systématiquement en symboles leurs données. Voir une pomme dans sa globalité n'est pas simplement la nommer. C'est de la pomme parce que ça ressemble à une pomme visuellement ou que ça sent la pomme, ou que c'est pertinent car nous sommes en automne… C'est de la pomme pour un ensemble d'informations non décrites qui viennent de l'expérience. Les robots devront donc être susceptibles d'éducation et d'investigation pour grandir en capacités et en intelligence.

Ce serait donc une erreur de chercher à imiter l'intelligence humaine uniquement sur sa partie « technique », son cerveau, et d'ignorer superbement toute la branche de connaissances qui transcende largement celle de son pur raisonnement. Les évolutions des capteurs de toutes sortes sont certainement des éléments clefs des avancées en intelligence artificielle. Tout comme le développement de nos propres sens a fait grossir notre cerveau.

Les réseaux neuronaux, Graal de l'intelligence des robots ?

Les chercheurs essaient donc d'aller plus loin que la logique linéaire des programmes d'ordinateurs car l'intelligence qui leur est associée atteindra bientôt ses limites. On pourra toujours calculer plus vite mais toujours « tout droit », sans digression.

L'ordinateur doit réussir à reproduire une approche multi-sensorielle et multi-séquentielle des événements, comme l'homme, pour passer un cap d'efficacité. Il est nécessaire d'explorer des logiques disruptives qui ressemblent plus au schéma réel de construction de la pensée humaine.

Nous ne connaissons pour l'instant qu'une infime partie du fonctionnement du mental humain, mais son observation et son analyse ont tout de même inspiré les ingénieurs et les chercheurs. Ils ont ainsi développé les systèmes de programmation en « réseaux neuronaux », modèles de transmission d'information et de déduction calqués sur le fonctionnement des neurones humains. Ils permettent la prise de décision en fonction d'une « expérience » acquise au fil de plusieurs processus cognitifs. La logique linéaire et binaire est oubliée au bénéfice d'un système complexe qui peut s'incrémenter en permanence de nouvelles données, s'enrichir de nouveaux paramètres, et faire de l'autoapprentissage.

Ces systèmes neuronaux ont permis de grandes avancées notamment dans la reconnaissance de caractères, de langages, de formes et de motifs, les systèmes statistiques… Ils ouvrent la voie à des modélisations plus complexes et à la résolution de problèmes jugés jusqu'alors impossibles comme la traduction en langage naturel, la reconnaissance et la synthèse vocales. Plus d'un demi-siècle après qu'il a été formulé, le test de Türing pourrait-il être enfin réussi ? La question demeure en suspens.

Aucune machine n'a encore pris de décision spontanée et mené à bien un objectif défini par elle-même. Si l'on se contente d'observer le cycle qui mène de la cause à l'effet, nous trouvons éternellement l'homme à la source et la machine à l'autre bout. Les réseaux neuronaux représentent clairement un champ de développement des « cerveaux » des robots car ils simplifient les problématiques d'actions simultanées et font gagner de « l'expérience », élément essentiel constitutif de l'intelligence.

Dans notre tentative de définition d'un robot, nous voyons donc que le terme machine intelligente peut paraître prématuré. Sa logique a encore beaucoup de chemin à faire pour acquérir subtilité et nuances. Mais ce n'est pas le seul champ de progression des robots. Ils ne sont pas qu'esprits virtuels mais font partie du monde réel. Comment peuvent-ils en saisir les informations et agir sur lui ?

Robo sana in corpore sano, un robot sain dans un corps sain ?

Lors de son lancement le 11 mai 1999, Aibo, compagnon en japonais, le chien robot de Sony, possédait selon ses créateurs un système d'intelligence artificielle de base lui conférant les capacités d'apprentissage d'un bébé de trois mois. Des expériences ont été réalisées en plaçant des Aibo sur des tapis de découverte d'enfants. Au bout d'un certain temps, le chien robot apprenait à ramper tout seul, puis à marcher, tout comme le fait un enfant, par mimétisme et induction. Les Aibo développaient même leur personnalité propre, certains choisissant de ramper en arrière comme les bébés humains rebelles le font parfois.

Ces chiens robots surprenants bougent, tombent, hésitent, sont autonomes… Ils semblent presque vivants. Ils n'ont pas la fluidité des modèles 3D des films digitaux, mais leur gaucherie est émouvante. Dans un robot, quand une décision est prise par le « cerveau », le micro-ordinateur, il lance un ou des ordres à exécuter. Des servomoteurs ou tout autre type d'actionneurs doivent se mettre en route pour les mobiliser. Sans ces éléments critiques, ces décisions resteraient, comme dans le cas d'un PC, purement virtuelles, coincées au mieux sur un écran.

Or, dans la mécanique classique ou l'industrie automobile, les techniciens savent que le prototype reste l'ultime épreuve d'une industrialisation. Toutes les simulations, aussi sophistiquées soient-elles, ne peuvent prévoir la complexité du monde réel.

Il en est de même dans la conception et la construction de robots, ce qui explique les nombreuses années passées à les mettre au point. Le robot est pensé pour se confronter au monde extérieur et en assumer les contraintes : terrain glissant, pièce encombrée, grains de sable, conditions extrêmes… Il va pouvoir le faire grâce à ses capacités mécatroniques, néologisme désignant la fusion des adjectifs mécanique et électronique. Ce mot qualifiera surtout une des sciences les plus importantes de demain, une synthèse des sciences de l'ingénieur qui prendra de l'essor dans un monde rempli de robots.

Parmi les difficultés rencontrées par les concepteurs de robots, le système gravitationnel terrien est un bon exemple d'enjeu majeur. Honda a mis plus de dix ans pour faire marcher son robot humanoïde Asimo en y investissant des centaines de millions d'euros. Aujourd'hui, il est capable de courir, de monter un escalier, de pivoter et servir le café sans le renverser. Tous ces gestes à maîtriser ont coûté des années d'erreurs et d'essais frustrants. L'écriture d'une logique de marche fut relativement aisée tandis que son réglage en conditions réelles fut extrêmement long.

Ce n'est finalement pas seulement le cerveau du robot qui pose des défis techniques mais également le pilotage de ses actionneurs. Les problèmes mécaniques à résoudre sont multiples pour aller mille lieues sous les mers, sur des champs de mines, sur la Lune ou simplement pour jouer avec une balle. C'est bien la coordination des progrès de la mécatronique et de l'informatique qui est une des pièces essentielles de la robotique. Les chercheurs s'y emploient en se lançant des défis surprenants.

Compétition de robots

Les organisateurs de la Robocup, compétition annuelle qui oppose des robots footballeurs sur des mini terrains de sport, soutiennent qu'une équipe de robots pourrait mater l'équipe humaine, et être championne du monde d'ici 2040. Ce n'est que dans trente ans. Vous imaginez le meilleur buteur de la compétition s'appelant Robonino ? Il y a loin de la coupe (du monde) aux lèvres car faire marcher et jouer un robot comme un humain est bien plus complexe que de créer un logiciel capable de battre un joueur de bridge. Il faudra donc dans un premier temps que le robot tienne solidement sur ses jambes, apprenne à accélérer et s'arrêter pour dribbler, à faire une passe ou anticiper un ballon… Il reste pas mal de travail avant de crier « et un et deux et trois, robot ! ». Ce défi anime néanmoins toute une communauté qui perfectionne algorithmes et servomoteurs pour le réussir. Une société française, Aldebaran, est d'ailleurs en pointe des matchs de foot robotique avec sa création, Nao, l'humanoïde aux remarquables capacités.

Les voitures robots autonomes sont un autre exemple des difficultés de la confrontation au réel. Diverses compétitions lancées par la Darpa (Defence Advance Research Projects Agency, Agence de recherche de l'armée américaine) illustrent sur quatre roues l'adaptation des robots à un environnement inconnu. Lancés sans pilote dans le désert du Nevada à l'automne 2007, des 4 x 4 étaient équipés de capteurs qui transmettaient des informations diverses sur la situation géographique, l'état du terrain ou les éventuels obstacles. Ils devaient parvenir à boucler des étapes, comme dans un rallye classique, en un temps comparable à celui d'un véhicule classique. La plupart des véhicules sont parvenus sans casse à bon port. Ces prototypes essuient les plâtres des taxis sans chauffeur ou voitures entièrement automatiques de demain.

Avec des jambes, des roulettes, des chenilles, des hélices voire des coussins d'air pour se déplacer et des bras, des pinces, des aimants pour manipuler les objets, le robot est bien armé pour bouger, se mouvoir et interagir avec son environnement. Mais peut-il le faire pendant des heures, des jours ou des années ?

Combien de temps vit un robot ?

L'un des principaux problèmes que rencontrent les roboticiens est l'autonomie énergétique de leurs créations. La durée de vie des batteries est une vraie barrière au développement du marché. L'automobile 100 pour cent électrique connaît les mêmes déboires. Personne ne veut rester en rase campagne à la recherche d'une prise de courant. Les ingénieurs s'activent pour miniaturiser les batteries et démultiplier leurs capacités. Elles devraient augmenter leurs performances de 400 pour cent dans les années qui viennent. Bonne nouvelle pour la gent robotique qui gagnera puissance et autonomie. L'allongement de l'espérance de « vie », en réalité d'activité, des robots leur confère une plus grande disponibilité et élargit leurs champs d'applications. Une autre solution efficace déjà commune est de programmer les robots pour qu'ils reviennent automatiquement vers une base électrique pour se recharger. Grâce à cette astuce, les robots sont toujours prêts à travailler, tout du moins tant qu'ils sont proches d'une prise électrique.

Comment faire alors pour des robots fonctionnant à l'extérieur ? L'énergie solaire est pour l'instant privilégiée bien que de trop faible puissance pour les besoins courants des robots. Elle ne peut être pour l'instant qu'un apport complémentaire. L'Automower, par exemple, de la société Husqvarna est une tondeuse-robot fonctionnant avec des panneaux solaires… en complément de ses batteries traditionnelles. Ils lui donnent la force de retourner se recharger en cas de besoin. Si le soleil ne peut constituer pour l'instant qu'un apport complémentaire d'énergie, de nouvelles sources sont considérées, comme les piles à combustible, pour des rendements bien supérieurs à ceux des batteries actuelles.

Des recherches originales essayent aussi d'aider les robots à être totalement autonomes sur le plan énergétique. Des ingénieurs militaires préparent confidentiellement des robots qui fabriquent leur propre électricité sur le terrain d'opération. Ils intègrent dans le design des robots des mini-centrales qu'ils alimentent en brûlant du bois ou en utilisant le gaz de fermentation de plantes arrachées ou de déchets. Après le cerveau et les membres, la technologie veut inventer des estomacs et viscères électroniques.

En cas de succès, ces robots recycleurs, dont la durée de vie serait potentiellement sans limite, seraient fort utiles pour des missions spatiales ou le dragage du fond des mers. Une autre voie, plus près de nous, pourrait également être ouverte : celle des robots personnels à la disponibilité permanente capables d'assister les hommes sans relâche. On posera peut-être un jour la question « tu as faim ? » à son robot compagnon…

Le robot est-il écolo ?

Les robots n'ont pour l'instant pas vraiment le choix et doivent faire des économies d'énergie pour fonctionner le plus longtemps possible sans avoir à se recharger. Le robot ne dort pas mais doit nécessairement s'arrêter pour recharger ses batteries. Les concepteurs multiplient les astuces pour optimiser leur consommation : limitation des moteurs, allégement des structures et des composants, utilisation de matériaux composites… Les nanotechnologies créant des matières nouvelles en manipulant l'atome devraient participer à l'extension de la durée de vie des robots.

En ce qui concerne leur empreinte carbone, la plupart des robots sont en matériaux recyclables et fonctionnent sur batteries. Ces dernières ont clairement le plus gros impact sur l'environnement. Les sociétés qui les commercialisent en sont conscientes. L'américain iRobot, par exemple, a organisé leur recyclage dès le lancement de sa gamme. Ce sont plus de 15 millions de batteries qui à ce jour ont été déjà retraitées. Dans l'optique d'une croissance exponentielle du marché des robots, l'attention portée aux problèmes d'environnement va devenir un élément critique de leur chaîne de conception.

Les usines de fabrication de robots se trouvent pour la plupart dans les pays asiatiques, Chine, Corée, Malaisie… Cela sous-entend des transports longs et coûteux en énergie. Comme ce sont des produits à forte valeur ajoutée, ils représentent une opportunité de construction d'usines plus proches de leurs lieux de vente. Le développement de cette industrie à un niveau local aurait le double effet de créer des emplois qualifiés et de participer à la sauvegarde de notre planète.

Le robot est écologique par nécessité. C'est certainement sa meilleure chance d'évolution harmonieuse.

Le robot a-t-il peur du noir ?

Un cerveau, des membres pour se déplacer et manipuler les objets, il manque encore à notre machine un élément essentiel pour prétendre au titre de robot : des capteurs.

Capteurs de contact, de vide, de lumière, de couleur, de son, de gaz, de position, d'obstacle, d'humidité, de température, de fumée, de vent, tous permettent au robot de mieux appréhender le monde. Les nouvelles théories de l'intelligence artificielle évoquées précédemment imposent un apprentissage du monde réel en permanence. Les capteurs sont les sens du robot. De leur sensibilité et leur qualité dépend la pertinence de ses décisions. Il va toujours suivre les informations qu'il reçoit sans les déformer par un état d'âme. On ne peut pas vraiment influencer un robot mais certainement le tromper en lui fournissant des données erronées.

En voici un exemple : la plupart des capteurs de vide sont conçus à partir d'une lecture de couleur, généralement le noir. Ce qui signifie que si le robot « lit » la couleur noire, il interprète qu'il s'approche du vide, s'arrête ou recule car il peut tomber. Il a, en quelque sorte, peur du noir. Le robot aspirateur Roomba utilise cette technique pour ne pas tomber d'une marche d'escalier… mais refusera de travailler sur une moquette toute noire !

À l'inverse, le manque de lumière n'effraie pas les robots comme les hommes qui y dessinent des cauchemars. C'est simplement un état physique. Ils peuvent utiliser des capteurs qui élargissent considérablement leur champ de perception. Ils maîtrisent la vision nocturne avec l'infrarouge, sentent les sources de chaleur, même à travers les murs, se déplacent sans tâtonner et évitent des obstacles invisibles. Les robots voient plus loin, entendent mieux, peuvent identifier des odeurs ou des gaz imperceptibles pour l'homme. Leurs frontières d'analyse de l'environnement sont repoussées et peuvent être exploitées par les concepteurs de robots. C'est avec ces super pouvoirs qu'ils peuvent assister les hommes et véritablement les « augmenter ».

Des robots qui rêvent et qui pleurent ?

Une telle évolution laisse songeur sur les capacités des robots de demain… Iront-ils jusqu'au méca David, l'enfant-robot de Steven Spielberg dans son film *A.I.*, à l'intelligence artificielle douée d'émotions ? C'est encore une autre question de notre boîte de Pandore. Le robot n'est-il qu'un boulonnage astucieux ou son semblant de vie pourrait-il amener cette machine à ressentir les choses ? Sa science pourrait-elle devenir conscience ? Les évolutions technologiques surprenantes, comme les exemples précédemment décrits, laissent rêveur.

Je me contenterai d'un sourire comme réponse à ces questions complexes pour signifier que le débat reste ouvert et tient plus de l'intime conviction que du rationnel. D'honorables scientifiques sont persuadés qu'avec les bons modèles, on pourra simuler les émotions, que ce n'est qu'une question de temps avant que les robots soient capables d'aimer. Leurs détracteurs font appel au « supplément d'âme » qui est la force de vie de l'être humain. Ces bretteurs peuvent s'affronter pendant encore des siècles en se référant tantôt à l'expérience et tantôt à la philosophie ou la religion. Le propos de cet ouvrage n'est pas de trancher cette épineuse question mais d'apporter des éléments objectifs de réflexion.

Je me garderais de spéculer sur une hypothétique sentimentalité des robots par respect pour la part de rêve qui dort en chaque savant. S'il faut nous attendre à être surpris, nous sommes en tout cas techniquement très loin du conte moderne de Steven Spielberg. Les robots qui nous entourent aujourd'hui ont des structures bien plus simples. S'ils devaient être calibrés sur une norme d'intelligence animale, la grande majorité ne dépasseraient pas celle de l'insecte ou du reptile. L'évolution de type darwinien de la robotique prendra encore quelque temps.

2. S'il te plaît, design-moi un robot

Un enfant qui dessine un robot lui fera une bonne vieille tête cubique probablement fleurie d'antennes, de gros yeux lumineux et globuleux, des bras et des jambes articulés grossièrement, et un corps constellé de boutons et de diodes... Il rajoutera une touche personnelle en choisissant des tons de couleurs criardes et métalliques, en gonflant certains volumes et proportions, en ouvrant des angles et brisant des courbes. Malgré ses efforts, le résultat ressemblera fortement à l'imagerie que chacun se fait d'un robot, en relation directe avec un imaginaire largement nourri, comme nous l'avons vu, par la littérature et le cinéma. Si on demande à un adulte de prendre le crayon, il y a fort à parier qu'il restera dans les mêmes stéréotypes, son robot aura peut-être l'air plus industriel et moins sympathique...

Ces réflexes démontrent que le design du robot reste encore souvent limité à un aspect extérieur sans hypothèse sur sa fonction. Si on demandait à quelqu'un de dessiner une machine, sa première question serait : que fait-elle ? Dans le cas des robots, la forme, spectaculaire, gagne sur le fond. Même si ce dernier est encore plus incroyable, il n'y a pas moyen de le représenter. Un robot reste une entité vague mais très codifiée.

Deux philosophies de designs de robots s'affrontent. Un groupe, convaincu que la fonction crée le design, ouvre la voie à des robots de toutes sortes, au gré des usages et des contraintes dans lesquels ils opèrent. Un aspirateur robot doit passer sous les meubles et ne pas abîmer les plinthes par des formes anguleuses. Il est donc forcément bas, en plastique souple et de forme circulaire ou ovoïde. Un robot de sécurité doit effrayer, il est donc rationnel qu'il tienne du molosse, compact, stable, blindé…

L'autre camp défend l'idée d'un robot à tout faire, humanoïde, forcément humanoïde, pour remplacer l'homme dans certaines tâches et entrer plus facilement en relation avec lui. En répliquant la Nature, on gagne du temps de conception et augmente le nombre d'applications gérées par la même entité. Les technologies une fois mises au point, on dispose d'un robot entièrement adapté à l'environnement humain, un clone mécanique.

Tu seras un homme, mon robot

L'axiome principal du robot de service est qu'il doit servir à quelque chose ou à quelqu'un. Si ces fonctions sont spécifiques et définies, on pourra le concevoir comme on le fait pour une machine et juste chercher à optimiser son efficacité. Il n'a dans ce cas rien d'humain. Pourquoi alors s'acharner à vouloir le faire à notre image ?

Les raisons sont probablement à chercher autant du côté pratique que symbolique ou philosophique. L'homme se voit comme une partie intégrante de la Nature mais a grandi en la forgeant. Il a bâti des villes, construit des routes, des escaliers mais aussi des meubles et bâtiments pour s'y loger. Le monde est donc à l'image de l'homme, au sens technique du terme. Nous évoluons dans un monde que nous avons étudié et réalisé en suivant les contraintes de l'être humain. Si nous étions nés avec une locomotion différente ou un troisième bras, notre monde aurait une autre allure.

Mammifère conquérant, l'homme s'est aussi construit autour d'une spiritualité et d'un sentiment d'héritier du monde. Selon les civilisations, l'origine du monde est variée, mais il y a toujours un commencement, un instant sacré du façonnage de l'être humain par une Volonté qu'il existe. Du néant, du sable, de la terre glaise, ou des étoiles, l'homme naît au monde à un moment donné d'une décision qui le transcende.

C'est ainsi, à mon avis, pour deux raisons que le rêve de robot humanoïde est si forcement ancré dans nos fantasmes scientifiques et persiste à l'heure des technologies les plus avancées. La première reste pragmatique : comme le monde ne changera pas vite, il faut que le robot s'y adapte. La forme ultime de l'adaptation est l'humain, qui, en outre, continuera d'évoluer avec les robots dans son univers. La seconde est plus spirituelle : nous avons avec la science un devoir de transmission et d'amélioration de notre condition. Donner la vie artificielle est en quelque sorte reproduire le modèle du façonnage originel, le souffle de vie en moins… Pour l'instant.

La route paraît bien longue, mais de nombreux laboratoires et entreprises l'ont prise avec entrain et budgets adéquats. Nous verrons dans un prochain chapitre comment les robots humanoïdes Asimo, Twendy-One ou Hubo progressent dans l'assistance et l'interaction. Ces précurseurs sont suivis par une génération de jeunes pousses intéressantes.

Une star de la robotique humanoïde grand public est un jouet, le Robosapien de WowWee. L'utilité déclarée de ce robot est le jeu, et son design particulièrement soigné mérite l'attention. Son créateur, Mark W. Tilden, a successivement travaillé pour la NASA puis la Darpa, le département américain de recherche dans le domaine militaire. Il avait développé une technologie où l'électronique se nourrit de la biologie. Cette dernière l'a inspiré pour simuler la marche et les mouvements humains.

« Au lieu d'un enchaînement d'articulations commandées indépendamment par des moteurs, les mouvements d'un robot doivent être programmés autour d'une structure physique squelette pour qu'ils paraissent plus naturels, quasi biologiques », confie Tilden dans ses interviews.

http://viva.ht/2

Suivant ces préceptes, il a créé la « suspension adaptative », inspirée par la morphologie du corps humain. Grâce à elle et bien qu'il soit animé par un logiciel relativement simple, Robosapien frappe par la souplesse de son déplacement.

La variété de ses applications ludiques associée à la qualité de ses mouvements ont fait le succès du Robosapien qui s'est vendu à plus de 5 millions d'exemplaires dans le monde. Capable de prouesses, il sait danser, jouer au football, reconnaître une balle, la jeter sur des quilles, suivre des yeux le mouvement d'une main… Le Robosapien a remis le robot humanoïde dans l'air du temps.

Pour garder notre fils lors de sorties new-yorkaises, j'utilisais les services de Sophie, une jeune Française très dynamique qui racontait des histoires de robots à Balthazar au coucher. Je m'étonnais qu'elle passe autant de temps avec notre chien robot Aibo. Un soir, alors que je la raccompagnais chez elle, je lui demandai d'où venait cet intérêt pour la robotique. Pas de grand mystère, juste un incroyable hasard : elle était la fille de Bruno Maisonnier, fondateur d'Aldebaran, première société française à travailler sur les robots humanoïdes. Leur prototype, Nao, encore confidentiel, n'allait pas tarder à être révélé au monde et connaître un franc succès. Le monde de la robotique était décidément bien petit pour avoir mis cette jeune fille sur ma route parmi des millions d'autres babysitters de la grosse pomme.

Je rencontrai donc son père, Bruno, quelques semaines plus tard dans son premier local, situé rue Gay Lussac dans le Ve arrondissement de Paris pour une présentation formelle de Nao. Nous étions dans l'atelier d'un cyber Père Noël. Dans le coin d'une immense pièce, de jeunes ingénieurs soudaient et programmaient un ensemble de cartes électroniques éparpillées sur un bureau. Sur une autre table encombrée, un animateur bidouillait des simulations de marche sur son écran. Un étudiant stagiaire regardait avec tristesse la tête inerte de son robot malgré les commandes qu'il aboyait à répétition… Je découvrais avec bonheur cette fourmilière de talents roboticiens au cœur de la capitale.

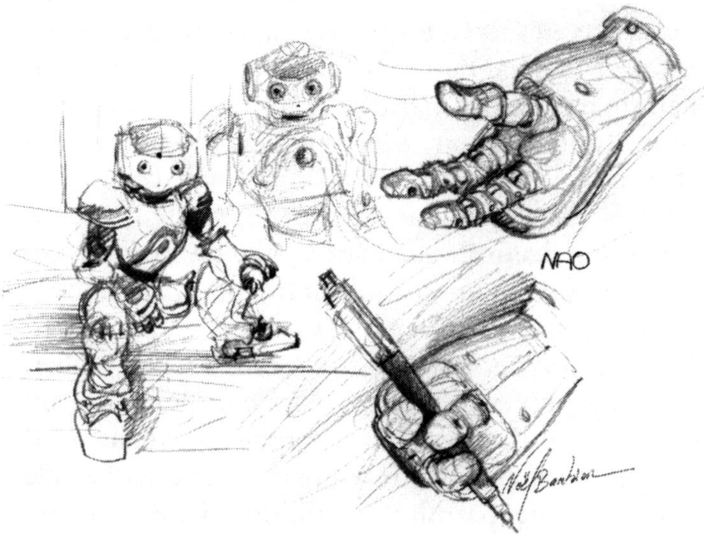

Au milieu de ce tumulte tranquille, une poupée de soixante centimètres effectuait ses premiers pas,

http://viva.ht/3

gauches et mal assurés. Les larges mains de Bruno l'entouraient de la même affection protectrice que s'il assistait aux premiers pas de son propre enfant. C'était un robot en armure de plastique blanc rehaussé de bleu, à la tête large, sans bouche, mais illuminée de grands yeux verts. On ne pouvait qu'être attendri par ce drôle de petit bonhomme.

Tandis que Nao terminait son premier mètre, Bruno m'expliqua quelles logiques avaient été suivies pour finaliser son design. Lorsqu'il avait décidé de se lancer dans la course à l'humanoïde, il avait réuni son équipe pour partager sa vision. Ils devaient d'abord être tous conscients de la montagne de problèmes techniques à résoudre. Elle était très haute et presque insurmontable… et c'est précisément pour cela qu'il fallait en tenter l'ascension !

La bonne nouvelle de ces épreuves attendues était qu'on pardonnait plus facilement à un robot sympa qu'à une boîte de conserve en tôle sans âme. Il fallait donc générer un affect positif immédiat avec Nao. En fouillant dans les univers de la bande dessinée, de l'animation ou du jeu vidéo, ils avaient découvert que les formes enfantines déclenchaient une réaction d'empathie spontanée chez les adultes. En appliquant ces règles, ils avaient doté Nao d'une bonne tête, de grands yeux placés bas sur le visage et d'un corps trapu comme celui d'un jeune enfant. La grosse tête facilitait en plus l'intégration des composants du cerveau du robot. Quelques ajustements et plusieurs mois plus tard, Nao était prêt à s'ouvrir au

http://viva.ht/5

monde. Une belle leçon de courage et de stratégie appliquée !

Le consortium Robotcub a également créé le projet Icub avec le modèle du jeune enfant en référence. Ce rassemblement de prestigieuses universités européennes travaille en effet sur l'acquisition de connaissances par les robots en mimant les comportements humains. Le visage statique d'Icub est essentiellement animé par les positions de ses yeux et l'inclinaison de sa tête. Le reste du corps est calqué sur l'être humain dans sa structure et ses degrés de liberté de mouvements.

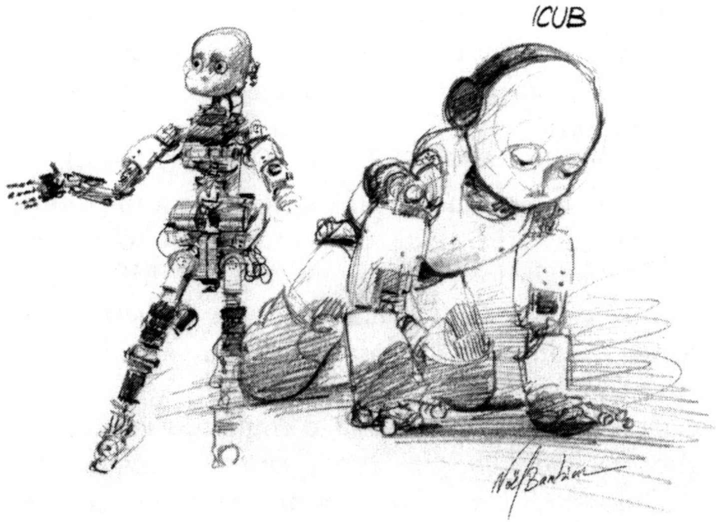

Il a un pendant américain, Nexi, développé par le MIT, Massachusetts Institute of Technology, qui regarde le monde de ses grands yeux bleus et dispose d'une bouche articulée comme les marionnettes de

http://viva.ht/4

cirque. Sa grosse tête est également disproportionnée par rapport à son corps frêle en inox.

Les Japonais aussi cherchent l'émotion avec un gros poupon humanoïde. Le Takanishi Laboratory de l'université de Waseda a ainsi créé Kobian en rajoutant des expressions faciales sophistiquées qui singent celles des hommes. Toutes ses plaques de métal qui bougent avec des bruits de moteurs lui confèrent parfois un aspect presque effrayant. Ce qui se veut un sourire devient souvent une grimace bruyante.

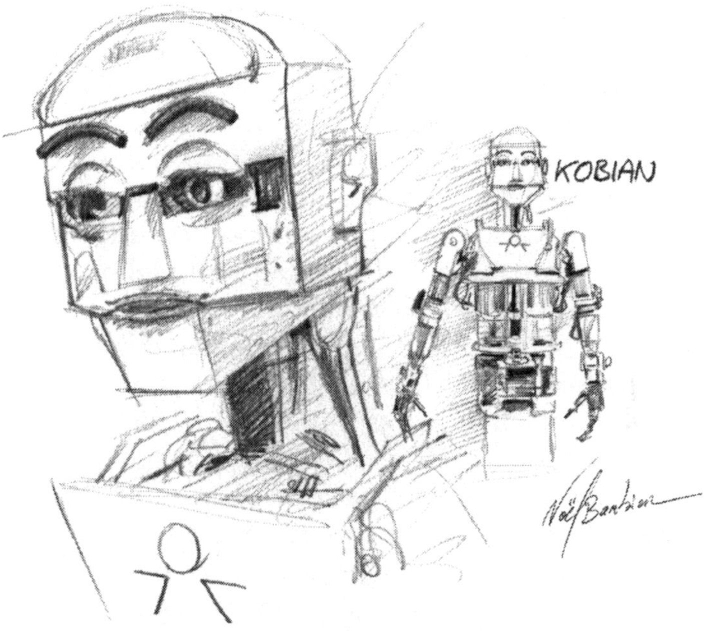

Il est intéressant de noter au passage que peu de spécialistes de la marionnette collaborent avec les

http://viva.ht/6

scientifiques dans des projets robotiques. Pourtant, savoir déclencher l'émotion à partir de poupées articulées est une expertise précieuse. Les artistes, pour une fois, ne seraient pas pris pour des guignols !

Je ne chercherai pas à être exhaustif dans mon analyse des designs de robots humanoïdes. Il en existe plusieurs centaines, qui sont développés au sein des laboratoires, des centres de recherche industriels ou simplement par des passionnés. On retrouve toutefois dans la plupart d'entre eux des similitudes. En premier lieu, la volonté de ressembler à certains types d'êtres humains pour stimuler des impressions spontanées : l'empathie pour l'enfant chez Aldebaran ou Robotcub, l'énergie et la force pour les guerriers en armure de la série KHR du japonais Kondo ou les Bioloids du coréen Robotis, la sympathie pour le Manoi de Kyosho… Le second point commun est une quête de perfection. Le robot doit pouvoir répliquer, le plus fidèlement possible, les mouvements et attitudes de l'homme. C'est une course au mimétisme qui parfois se perd dans les détails.

Pourtant l'homme est loin d'être la créature la plus intéressante sur le plan morphologique. Faible, fragile, il a dû sans arrêt chercher des astuces pour survivre. L'homme ne sait pas voler, est lent à se déplacer même quand il court et ne nage pas sauf en apprenant fastidieusement. Quelle drôle d'idée que de chercher à le copier !

Il est construit de façon symétrique : deux yeux, deux narines, deux oreilles, deux bras, deux jam-

http://viva.ht/7

bes, des paires identiques et interchangeables. Cette harmonie est gravée dans notre cortex dès la naissance. Pour la plupart de nos sens qui captent l'environnement, la Nature a vu double.

Les voies de la Nature étant impénétrables, nous ne pouvons qu'émettre l'hypothèse de précaution sur la raison de ces doublons qui s'observent jusqu'aux allèles des gènes de notre corps. Deux valent mieux qu'un en cas de dysfonction-

http://viva.ht/8

nement, voire de perte d'un œil ou d'un bras par exemple... Notre vision du monde en est fondamentalement imprégnée. La beauté classique naît de cet équilibre, cette symétrie. Le difforme est suspect, l'isomorphisme est de rigueur dans la vie sociale humaine.

En ce qui concerne la création de robots, est-ce une forme optimale pour autant ? Tout en restant humanoïde, quitte à avoir deux yeux, autant en disposer d'un qui voit très loin – genre longue vue – et un autre qui est capable d'avoir une vision micro – genre microscope. Et pourquoi seulement deux yeux, la mouche montre une autre voie avec ses yeux multi-facettes. Pour les bras, pourquoi ne pas envisager un membre capable de porter des charges très lourdes, et un autre pour des manipulations d'extrême précision, de l'ordre du micron ? Créer le robot à l'image de l'homme n'est pas forcément la panacée universelle. Il existe d'autres voies à explorer.

La fonction crée-t-elle l'organe ?

Oublions cette représentation mécanique d'un être humain et concentrons-nous sur la fonction. Pour cela revenons aux « ancêtres » des robots, les machines. La meilleure d'entre elles pour nettoyer le linge reste la machine à laver fonctionnant avec un tambour. Il n'est venu à personne l'idée de créer des « batteuses à laver » reproduisant le geste des lavandières du siècle dernier pour que le blanc devienne plus blanc que blanc ! Les ingénieurs concepteurs d'appareils électroménagers effectuent toujours la même démarche. Ils cherchent à utiliser toute innovation technologique pour rendre leurs matériels plus efficaces. Ils ne font aucune référence aux gestes humains, mais se concentrent sur l'usage. Dans le cas du lavage, les progrès des technologies et de l'électronique associés à ceux des détergents permettent un meilleur résultat qu'au temps des lavoirs, sans bras, sans effort… et peut-être bientôt sans eau.

Les automates industriels représentent au cours de la deuxième partie du XXe siècle la première application robotique de grande envergure. Ont-ils quelque chose à voir avec des ouvriers spécialisés ? Ils sont juste calibrés et articulés autour de ce qu'ils doivent faire… De nouveau, la base du raisonnement est l'usage, l'utilité, la pertinence d'une réponse précise à un besoin spécifique. C'est certainement là que le bât blesse pour le design des robots : la définition, non de l'automatisation d'une tâche, mais de sa robotisation.

En effet, l'objectif n'est pas simplement de reproduire mécaniquement une tâche mais de la modéliser afin que le robot puisse prendre des décisions en cas d'incidents ou de nouveautés. Si on reprenait l'exemple de la machine à laver, il faudrait qu'elle soit capable de trier le linge par couleur, par exemple. Le problème n'est pas technique, on sait faire reconnaître le rouge ou le vert à une machine. Le vrai souci est comment, dans le design du robot, fait-on exécuter cette tâche avec efficacité ? Ajoute-t-on un panier trieur par exemple ou deux tambours dans la machine ? Au final, si trier son linge à la main reste plus facile et plus rapide qu'avec un robot, celui-ci est inutile. Il restera au laboratoire et n'atteindra jamais la maison.

Définir l'usage au sens robotique du terme n'est pas si simple. Il s'agit d'aller plus loin qu'une description d'une fonction et d'une méthode d'exécution comme dans un processus d'automatisation. Il faut intégrer les éléments qui caractérisent un robot : capteurs, processeurs, actionneurs, et les programmer pour faire face de manière autonome à des situations inattendues.

L'aspirateur robot est un bon exemple du transfert d'une fonction classique vers un robot. L'objectif est clair : le nettoyage des tapis et moquettes de façon autonome. Plusieurs problèmes sont à résoudre. Sa navigation notamment doit être fluide et surtout permettre de couvrir la totalité du sol à aspirer. Certaines équipes de recherche vont tenter de cartographier la pièce en la calculant. Belle optimisation mais comment prévoir qu'un meuble a changé de place ? D'autres vont choisir une exploration méthodique, succession d'essais-erreurs au risque d'user beaucoup plus d'énergie et d'abîmer les pieds de table à force de rentrer dedans…

Intégrer ces options stratégiques va entraîner des modifications de design qui ne sont pas que d'ordre mécanique ou esthétique mais qui touchent le cœur du robot : nombre et nature des capteurs, puissance de calcul, taille des batteries… Il faut donner les moyens à la machine d'anticiper de très nombreuses situations, même les plus imprévisibles, et de pouvoir y faire face. En robotique, une fonction n'est pas simplement une tâche à exécuter mais l'intégration de cette tâche dans un environnement aléatoire, dans lequel le robot devra réagir.

Copier n'est pas jouer

Pour réussir à faire voler des avions, les hommes ont bien tenté, dans un premier temps, d'actionner des ailes, comme les oiseaux, grâce à des procédés plus ingénieux les uns que les autres. Mais seules des ailes fixes et un moteur ont fait décoller l'aviation moderne… Aujourd'hui, grâce à des prouesses technologiques et à des nouveaux matériaux, même un « fer à repasser » comme la navette spatiale est capable, contre toute attente, de s'arracher à la gravité terrestre et de se mettre sur orbite.

Ainsi, dans de nombreux cas, raisonner de façon analogique, à partir des gestes naturels ou de machines existantes, n'est pas la solution idéale d'une nouvelle problématique technique. Cette constatation est encore plus vraie pour la robotique.

Le balai, par exemple, se sert de la force mécanique de la personne qui l'utilise. Il a un manche pour ça. Lorsque les premiers aspirateurs ont été inventés, ce manche n'a pas été remis en cause car on avait encore besoin d'une action humaine pour le faire fonctionner, le déplacer, le ranger… L'aspirateur robot prend le total contre-pied de cette logique et voit son manche disparaître. Sa fonction, l'aspiration, n'a pas changé. La robotisation de cette fonction, par contre, a complètement bouleversé sa structure par rapport aux aspirateurs classiques.

Attendons-nous à voir émerger des dizaines de transformations physiques de nos objets quotidiens dans les années à venir. De la cuisine à la salle de bains, tous les objets qui nous entourent vont progressivement gagner en intelligence pour économiser efforts et énergie dans les foyers. Ils auront probablement des formes différentes et nous feront changer de vie.

Humanos contre robots

Face à tous ces défis de design, déporter la fonction d'intelligence sur un seul robot qui pourrait utiliser les matériels et machines existants paraît avoir beaucoup de bon sens. Pourquoi créer une multitude de machines robotiques adaptées à une seule fonction alors qu'il serait si simple de créer un robot androïde, intégrant parfaitement l'environnement humain, son habitat, ses appareils ménagers, son automobile… Et voici Robotop passant l'aspirateur avec dextérité du sous-sol au grenier, tondant la pelouse en plein soleil, conduisant la voiture pour amener madame au travail, gardant le petit dernier tout en lui racontant des histoires…

Pour défendre cette approche de la robotique, ses partisans ajoutent un argument de poids, la sécurité. Dans leur logique, les robots doivent s'adapter à notre monde et non l'inverse, ce qui est certainement moins perturbant pour les humains sceptiques ou inquiets.

Les opposants à cette proposition arguent que la mise au point de ces robots universels prendra des siècles, s'ils existent même un jour. Ils défendent ensuite le fait que de nombreuses applications peuvent voir le jour entre temps. N'avons-nous pas transformé notre environnement à chaque bond technologique ? Les rues de nos villes sont plus larges qu'au Moyen Âge pour gérer un plus grand flot de voitures, les buildings ont grimpé vers le ciel dès l'apparition de l'ascenseur…

Plutôt que de compter les points d'un combat d'idées, analysons un cas concret. Le design d'une automobile robotisée est une bonne illustration de la différence fondamentale des deux approches. Dans une société peuplée d'androïdes, nul besoin de faire évoluer les voitures puisque les robots reproduiraient nos propres gestes pour piloter un véhicule. Les chauffeurs routiers, taxis, ambulanciers seraient des humanoïdes dotés de bras pour le volant et de pieds pour les pédales. Leur système de guidage serait intégré dans leur cerveau électronique et leur fiabilité serait probablement bien supérieure à celle de l'homme. Disponibles en permanence, jamais malades, en retard, ou en grève, ils seraient efficaces et augmenteraient tout à la fois productivité et sécurité. Une voiture reste une voiture et seul le conducteur est un robot. Cette approche est pratique, économique et rassurante.

Un bémol toutefois, les véhicules conçus dans le cadre de la Darpa sont déjà aptes à se piloter tous seuls sur certaines distances comme nous le verrons dans le chapitre Robot City. Les humanoïdes peinent à savoir ouvrir une portière. Au regard du temps qu'il a fallu pour apprendre aux robots à marcher, nous pouvons imaginer la complexité pour leur enseigner la conduite. Cette solution rassurante paraît bien lointaine.

Quel gâchis et manque de vision, répondra l'autre camp des designers. L'arrivée de la robotique dans l'automobile n'implique-t-elle pas une nouvelle conception du design ? Pourquoi conserver la même chaîne de conduite héritée de l'ère des machines ? À quoi sert un volant si un robot peut contrôler directement les roues, voire si les roues elles-mêmes sont des robots ? Et les pédales, ces antiquités qui peuvent se coincer, deviennent bien inutiles si on a accès au moteur… Si la route n'est plus analysée par les yeux du conducteur mais un ensemble de capteurs variés, à quoi bon un pare-brise ou des essuie-glaces… Dans cette optique, une « robomobile », robot automobile, ressemblerait demain à un véritable salon roulant où les sièges se font face, où tout l'espace est dédié au confort comme dans un wagon en miniature. Il serait possible de travailler, s'informer, se distraire, se reposer tout en évitant les embouteillages, les véhicules choisissant les itinéraires les mieux adaptés. Les possesseurs de tels robots regarderont avec nostalgie les véhicules de notre époque comme nous sourions à la vue d'une De Dion-Bouton et sa caisse en bois.

Tout la robolution en marche tient dans cet exemple. Il n'est pas simplement question de remplacer l'homme par des répliques électroniques et de reproduire des schémas ancestraux. Il s'agit bel et bien de comprendre que l'intelligence apportée aux machines va réinventer notre quotidien. Les machines qui nous sont familières, en s'affranchissant de notre contrôle, vont certainement prendre d'autres formes. Notre environnement va se transformer pour mieux les accueillir et s'adapter à leurs contraintes, notamment leur relative difficulté à se mouvoir dans certains espaces si elles sont sur roues ou leur endémique soif d'énergie… Les chapitres suivants présentent des dizaines d'exemples de robots qui illustrent ce mouvement de fond. Il nous donne l'occasion de repenser l'intégralité de notre activité manufacturière avec des conséquences positives sur la relance économique. La robolution est un nouveau prisme de lecture du secteur industriel qui valorise l'imagination et la connaissance scientifique.

Humanoïde, trop humanoïde

Et l'humanoïde dans tout ça ? Son avenir n'est certainement pas dans cette machine polyvalente, « hominipotente », dans laquelle on veut trop régulièrement le cantonner. Pour les tâches domestiques, la forme androïde ne représente sûrement pas la forme optimale. Par contre, elle est idéale pour devenir un compagnon au quotidien, un clone affectif, un avatar doué pour développer une relation quasi humaine et pour tenir une conversation. L'humanoïde apprendra l'art de créer un lien émotionnel, développera une sorte de supplément d'âme qui en fera beaucoup plus qu'une machine ou qu'un ordinateur.

En novembre 2008, j'ai eu le privilège de visiter une école maternelle à Séoul en Corée du Sud. À 9 heures tapantes, une petite armée en costume marine et chemise blanche m'attendait, sagement assise. Mon arrivée dans la classe ne provoqua pas beaucoup d'émoi. J'avais devant moi une vingtaine de petits écoliers aux cheveux noirs et brillants qui m'observaient placidement. Le pays du Matin calme portait bien son nom ce jour-là. La maîtresse leur expliqua que je passerais un moment dans cette salle de classe moderne où le tableau noir côtoyait un écran plasma géant, deux ordinateurs et… Irobi, le robot compagnon qui assistait la maîtresse.

Après quelques commentaires sur ma couleur d'yeux inhabituelle pour eux, des groupes se sont formés. Un premier surfe déjà sur un site éducatif, un autre fonce vers des jouets, tandis que le troisième groupe s'assoit autour de la maîtresse qui, naturellement, appelle Irobi. Un petit bouddha d'une soixantaine de centimètres de haut en plastique blanc et argenté s'avance au grand plaisir des enfants qui l'applaudissent. Sur son ventre, il dis-

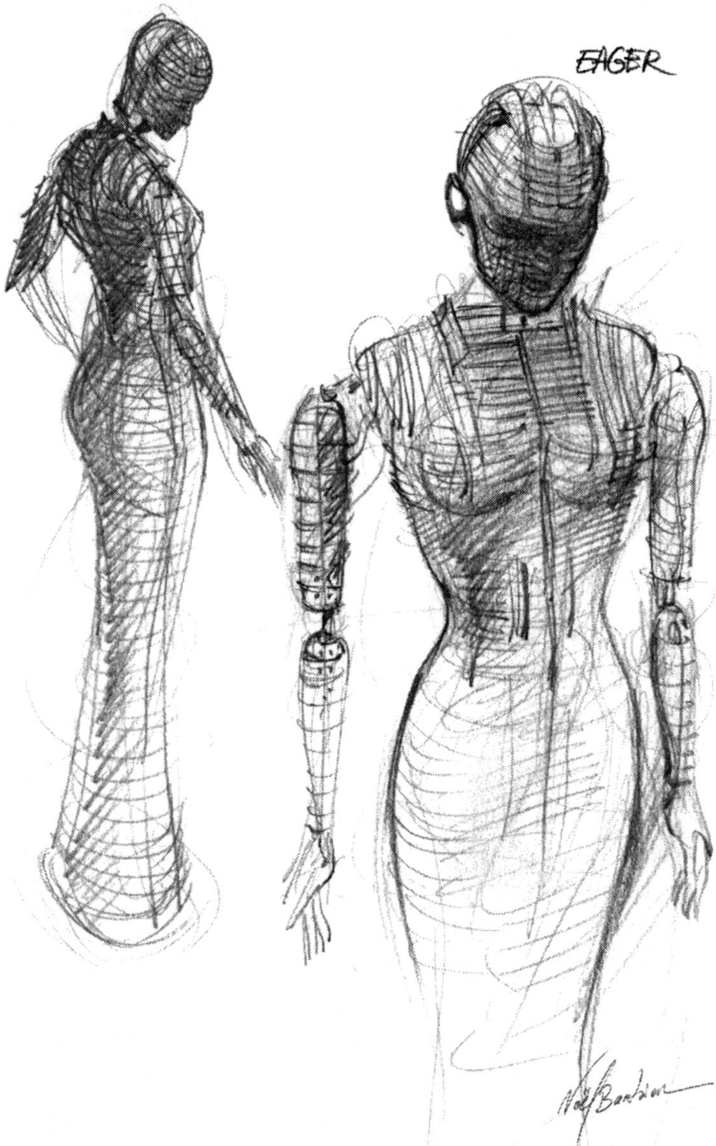
EAGER

pose d'un écran tactile. Il a une bonne bouille bien ronde avec des grands yeux expressifs et un sourire dessiné par des diodes. Deux petits bras courts sans articulations lui donnent une allure de pingouin. Irobi est une création de la société Yujin Robots.

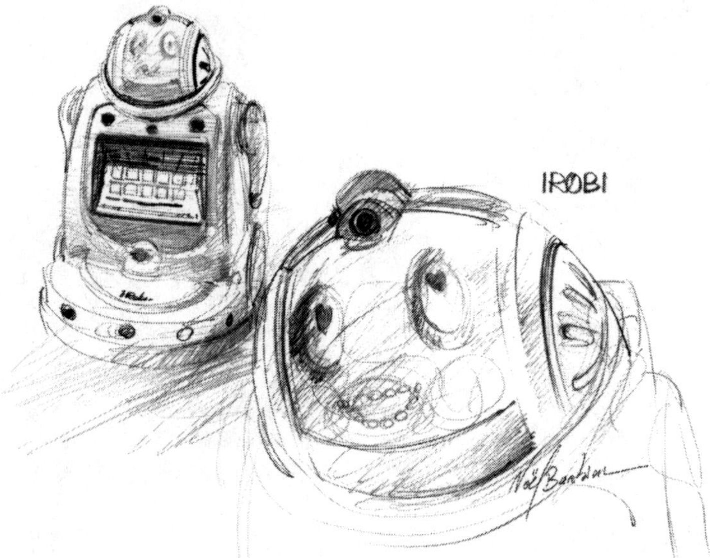

J'avais déjà eu l'occasion de rencontrer son président Kyung Chul Shin, dit KC, grande figure de la robotique en Corée. Ce premier président du puissant syndicat de la robotique coréenne KAIRA, Korean Advanced Intelligent Robot Association, a fondé YujinRobot en 1988. KC a convaincu le gouvernement coréen d'implanter Irobi dans des dizaines d'écoles maternelles pour habituer les enfants dès leur plus jeune âge à interagir naturellement avec les robots.

http://viva.ht/9

Il a réussi son coup dans cette petite école du quartier de Itaewon où les enfants ont pris l'habitude de communiquer avec lui. Ils l'interpellent et lui montrent leurs dessins. Ils ne savent pas qu'Irobi les stocke grâce à sa caméra pour les transmettre par Internet à leurs parents qui les découvriront sur leurs téléphones portables à la pause déjeuner.

La maîtresse m'explique qu'avant mon entrée dans la classe, le robot avait fait l'appel individuel des enfants. Il a ensuite vérifié si leurs mains étaient propres en leur faisant faire les marionnettes devant son visage jovial. Direction les lavabos si les menottes sont tachées. L'institutrice considère le robot comme un véritable assistant de travail et me détaille le nombre d'activités auxquelles il participe : danseur, animateur de concours de devinettes, entraîneur sur des logiciels éducatifs, conteur…

L'institutrice avoue qu'elle aurait aujourd'hui du mal à s'en passer. Et les enfants également comme j'ai pu m'en rendre compte. Pendant ma visite, Irobi s'est arrêté de fonctionner, victime probablement d'un bug informatique. Les écoliers, soucieux de l'état de leur « camarade » ont signalé à la maîtresse qu'il était… malade et qu'il avait besoin de se reposer. Je n'ai jamais entendu ce type de remarque à propos d'un ordinateur PC, d'un téléphone, ou de tout autre appareil électronique. Ils sont juste en panne. De frustrante, une erreur de programmation est devenue une réaction d'empathie… surprenante !

Les robots, aussi peu organiques qu'ils soient, ont cette capacité à émouvoir et sensibiliser. L'aspect humanoïde est certainement un facteur important de cette relation homme-machine. Mais le véritable pari n'est-il pas que n'importe quel robot, du plus simple au plus élaboré, déclenche un affect positif ? La plupart des utilisateurs de robot aspirateur leur donnent un nom. Il devient Gontran, Bidule ou Conchita et fait non pas partie des meubles mais de la famille…

De nouveaux rapports aux objets devraient naître avec la robolution qui verra confier à un robot l'exécution de tâches complexes, la garde d'enfants, ou le transport de personnes. Une gamme de nouvelles relations avec ces robots va émerger. La plupart d'entre elles tourneront autour de la confiance ou du risque. Ces émotions seront toujours contrebalancées par la conscience de n'interagir qu'avec une « machine ». Il faudra trouver un équilibre entre la raison, le rationnel, et l'émotion qu'engendrera cette permanence des robots dans notre vie. C'est cette « émorationalité » qui va nous permettre d'entrer en pleine confiance dans l'ère des robots.

VIVA LA ROBOLUTION !

3. Une brève histoire du robot

Si les robots devaient un jour écrire leur histoire, qui désigneraient-ils comme leurs Adam et Eve ?

Les ouvriers opprimés qu'a dépeints Karel Čapek ? L'aguichante Maria de *Metropolis* ? Les premiers bras robotisés de la société Ultimate ? Qui révéraient-ils comme leur géniteur ? Charles Babbage, inventeur des principes autorisant leur programmation, ou bien l'écrivain Mary Shelley qui mit en scène la création d'un humanoïde de synthèse ? Il n'est pas aisé de le déterminer car la genèse du robot est un curieux mélange de faits et de légendes.

La quête d'une telle entité a été motivée par deux aspirations fondamentales de l'homme :

— la volonté de décharger sur des machines les tâches pénibles pour le corps,

— le désir ancestral de l'homme de pouvoir créer un jour une entité à son image.

Qui de la fiction et de l'ingénierie a inspiré l'autre ? Il semble que les deux se soient renvoyé la balle. Le personnage d'Astro Boy a suscité bien des vocations de roboticiens et, inversement, l'arrivée de l'ordinateur a donné naissance à des fictions telles que *2001 : l'odyssée de l'espace* avec une machine intelligente dotée d'émotion.

À la genèse du robot, nous trouvons toutes sortes de mythes remontant à l'Antiquité, à commencer par celui de Pygmalion amoureux de la statue Galatéa et suppliant la déesse Aphrodite de lui insuffler la vie. Si l'on s'en tient en revanche aux objets animés d'une intelligence, il apparaît que l'ancêtre du robot a quelque chose à voir avec l'informatique…

De la machine à tisser à l'ordinateur

Doter un objet inanimé d'une apparence de vie intelligente s'apparente à un antique rêve de l'humanité. Dès le XVIIIe siècle, nous découvrons des automates particulièrement impressionnants. Ainsi, le canard de Vaucanson allonge le cou pour aller prendre le grain dans la main, l'avale, le digère puis le rejette par les voies ordinaires. Pour autant, les automates pèchent à un niveau : ils ne peuvent accomplir qu'une seule tâche, prédéfinie une fois pour toutes. Il serait plus optimal de pouvoir leur programmer des comportements divers. Or, en 1801, une invention majeure apparaît : la machine à tisser de Joseph Marie Jacquard utilise des cartes perforées pour réaliser les motifs. Elle est la première machine programmable et préfigure ordinateurs et robots.

Fils unique d'une famille de banquiers, Charles Babbage est né dix ans plus tôt et très vite son existence est axée autour d'une motivation : créer une machine à calculer que l'on pourrait piloter à partir de cartes perforées, comme les métiers à tisser de Jacquard.

Dès 1822, Babbage pose les concepts essentiels de l'ordinateur : les opérations seraient programmables à volonté, la machine pourrait conserver les résultats de certains calculs pour les réutiliser dans d'autres, elle pourrait imprimer ses conclusions sur papier, etc. Seul problème : les techniques de l'époque ne permettent pas de la construire. Il faudra encore attendre un siècle. À défaut de pouvoir bâtir une telle machine, Babbage en réalise les plans. L'une de ses élèves, Ada Lovelace, fille du poète Lord Byron, rédige un texte de plus de soixante-dix pages décrivant les fonctions attendues d'un ordinateur.

Frankenstein

Au même moment, la littérature vient sonder le potentiel dramatique d'entités artificielles. L'avènement du romantisme et son penchant pour l'obscur favorisent la naissance de l'histoire de Frankenstein (1818). Cette œuvre naît à l'occasion d'un concours d'écriture entre plusieurs auteurs organisé en juin 1816 en Suisse par le poète Lord Byron et auquel assistent son secrétaire Polidori, le poète Percy Shelley et son épouse Mary. Tous se donnent pour défi de créer le récit le plus terrifiant possible.

Avec *Frankenstein* (1818), Mary Shelley invente la littérature fantastique. Elle dépeint une créature d'apparence humaine créée par le Dr Frankenstein et qui n'est à l'intérieur qu'une machine dont les éléments sont maintenus à l'aide de boulons et d'écrous. Effrayé par sa laideur, le docteur abandonne sa créature. Le rejet général que subit le monstre déclenche un sentiment de haine et le pousse vers le crime.

Frankenstein innove en posant l'idée qu'une créature artificielle peut être une application de la science, sans l'intervention du moindre artifice. Il se trouve que Mary Shelley est un esprit libre et audacieux en marge de son époque. Pourtant, dans son récit, elle ne peut s'empêcher de marteler un credo bien traditionnel : le danger qui serait inhérent à la vanité de vouloir créer la vie. Eh oui… Si les auteurs et dramaturges ont de tous temps épilogué sur la venue d'une entité de forme humaine, ils ont souvent induit une conséquence inéluctable : l'humain irait à l'encontre d'un certain ordre des choses en endossant le rôle de créateur et s'en retrouverait châtié. Cette subsistance du péché originel va plus tard s'insinuer dans la fiction liée aux robots.

L'algèbre de Boole

Du côté de la science, il reste à poser les bases d'une méthode de calcul que pourrait mettre à profit une machine intelligente. C'est un dénommé George Boole du Queen's College de Cork (Irlande), compatriote de Charles Babbage, qui va en avoir l'intuition.

Tout comme la carte perforée des machines à tisser ne connaît que deux états possibles (une perforation ou pas de perforation), il paraît nécessaire à Boole de créer une nouvelle forme de mathématiques basée sur deux valeurs uniques.

Dans un ouvrage intitulé *Les lois de la pensée* (1854), Boole présente une nouvelle forme d'algèbre ne reposant que sur deux valeurs : 1 ou 0. Cette représentation des nombres permet d'énoncer une nouvelle forme de logique, dite « booléenne », en hommage à son créateur, avec pour avantage qu'il est aisé de l'inculquer à une machine.

De l'autre côté de l'Atlantique, sur l'îlot de Ellis Island près de New York, John Shaw Billing, chirurgien des armées, se trouve confronté à un problème. Chaque jour, plus de sept mille émigrants débarquent dans l'espoir de s'installer sur le Nouveau Monde. Après un examen minutieux de leurs dents, yeux, gorge et de leur état de santé général, 80 pour cent des postulants sont acceptés en Amérique. Billing, qui est affecté au recensement, voit s'amonceler la paperasserie et décide qu'il serait temps de rationaliser cette opération. Il confie à son jeune assistant ingénieur Herman Hollerith une mission : ne pourrait-on pas utiliser les cartes de Jacquard pour stocker toutes ces informations ?

Hollerith invente alors la première machine statistique fonctionnant à partir de cartes perforées. Toutes les informations relatives à un individu (âge, couleur de peau, lieu de naissance, situation maritale…) sont stockées sous forme de trous sur une bande de carton. Lorsque l'Irlandais John Smith, célibataire âgé de vingt-huit ans et habitant la Virginie, se fait connaître au Bureau de Recensement, une carte perforée enregistre ses informations. Elle est ensuite introduite dans une machine munie d'aiguilles. Si celles-ci rencontrent un trou, un contact électrique est déclenché provoquant l'ajout d'une unité dans les compteurs correspondants : +1 célibataire, +1 Blanc, +1 Virginien, etc. Hollerith invente également une trieuse afin d'établir des statistiques plus fines. Si l'on désire connaître le nombre de célibataires, elle sélectionne les cartes dotées des perforations correspondantes et produit le total. Encouragé par le succès de cette opération, Hollerith fonde la CTR, Computer Tabulating Recording Company, laquelle va bientôt devenir IBM sous la houlette d'un dénommé Watson.

L'un des maillons essentiels à la programmation d'un robot vient de voir le jour…

Naissance officielle du robot dans *R.U.R.*

C'est à l'écrivain tchèque Karel Čapek que va revenir le mérite d'inventer le terme « robot » au sein d'une pièce baptisée *R.U.R.* (*Robots Universels de Rossum*).

Soucieux de rationaliser la production dans les usines, l'industriel Rossum a l'idée de fabriquer des travailleurs automatisés à l'image de l'homme. Ceux-ci portent le nom de « robota », terme tchèque qui signifie « serf » ou « travailleur asservi ». Les androïdes construits par Rossum ont une capacité de travail sans commune mesure avec celle des humains. « Un robot peut remplacer deux travailleurs et demi », dit l'un des personnages. De ce fait, ces machines humanoïdes sont appréciées des patrons d'entreprises qui les mettent à contribution dans leurs propres usines : robot ouvrier, robot dactylo, etc.

Les robots de Rossum deviennent de plus en plus perfectionnés et apprennent à raisonner par eux-mêmes, sans jamais ressentir d'émotion. Au fil de l'action, ces esclaves de métal en viennent à se révolter contre leurs oppresseurs humains et finissent par les éliminer, puis à prendre possession de l'usine. Radius, le leader des robots, donne l'état des lieux : « Le pouvoir de l'homme est anéanti. Un nouveau monde est né. C'est l'ère du robot. »

À tort ou à raison, Čapek a ancré la première apparition du robot dans le fameux péché originel et nourri le mythe de la créature qui échappe à la maîtrise de son créateur.

Joué pour la première fois en 1921 à New York au théâtre Garrick, *R.U.R.* a une influence majeure. Son intrigue pose pourtant les bases d'une méfiance envers les dérives potentielles du robot :

— le robot est voué à une plus grande perfection que l'homme,

— d'une telle excellence découle le fait que l'androïde entre tôt ou tard en compétition avec son créateur.

Cette notion sera assumée plus tard par certains roboticiens éminents tels que Hans Moravec, Kevin Warwick ou Hugo de Garis…

Čapek prendra ses distances avec la mythologie qu'il a engendrée : « Je rejette avec horreur toute idée comme quoi des engins de métal pourraient jamais remplacer les êtres humains et s'éveiller à des sentiments tels que la vie, l'amour ou la rébellion. Une prospective aussi sombre ne serait jamais qu'une surestimation du potentiel des machines ou encore un grave offense envers la vie », dira-t-il en 1935.

Il est pourtant trop tard. Le ton a été donné et la littérature qui se développe à partir des années 20 multiplie les automates belliqueux et exterminateurs. Le plus étonnant, c'est que ces récits sont d'une qualité si ordinaire qu'aucun d'entre eux ne va entrer dans la légende.

La Maria de *Metropolis*

Si le robot a pris naissance sur une scène de théâtre, il reste à le matérialiser sur grand écran si l'on veut marquer les foules. C'est l'Allemand Fritz Lang qui assume la charge de lui donner une stature à grande échelle dans son film *Metropolis*. L'œuvre s'inscrit dans la droite ligne des rebelles de la pièce de Čapek avec pour différence que cette fois, c'est la révolte des esclaves de Spartacus qui se voit transposée à l'écran.

Le film fait apparaître une cité futuriste où les travailleurs à la chaîne évoluent de façon ultra-régulée, sur un mode proche de l'esclavage. La jolie Maria est jugée dangereuse par le pouvoir en place et le capitaliste qui gère la ville souhaite inciter les prolétaires à la révolte, pour mieux les réprimer et les asservir. Un inventeur, Rotwang, crée un robot féminin, Futura, à laquelle il donne l'image de Maria.

De par ses danses suggestives, ce robot sexy sème le trouble parmi les ouvriers, qui s'avèrent incapables de percevoir la supercherie. Maria est gracieuse, flamboyante, séductrice. Superbement conçu, ce robot demeure encore aujourd'hui l'un des plus beaux de l'histoire du cinéma.

Hélas, le cinéma des années 30 ne va pas être à la hauteur de *Metropolis*. Les séries B faisant apparaître des robots sanguinaires et analogues à des boîtes de conserve se multiplient à l'écran. Souvent dépeints comme d'infâmes dégénérés, ils paraissent obsédés par une seule et même idée :

ravir à leur créateur sa place dominante, prendre les commandes de la civilisation, asservir les humains sans s'embarrasser des scrupules propres aux êtres de chair.

Tandis que ces fictions de second ordre se multiplient avec des robots destructeurs, le film *Frankenstein* que James Whale tourne en 1931 prolonge le mythe opéré par le roman de Mary Shelley – dans cette libre adaptation, la créature détruit son créateur. Dans une lignée similaire, *Les Temps Modernes* de Charlie Chaplin (1936) semble dessiner les risques d'une société où le travailleur est asservi à la machine. Les nuages qui s'amoncellent sur la paix mondiale ne semblent pas favoriser une vision optimiste de l'évolution de l'homme et de ses artefacts.

La machine de Türing

Si le cinéma et la littérature regorgent de robots, la robotique en tant que telle n'a pas encore vu le jour et il manque un élément essentiel au puzzle : l'apparition effective d'une machine telle que l'a imaginée Charles Babbage, qui pourrait résoudre les problèmes qu'on lui pose et tenir le rôle de mental du robot.

À l'aube des années 40, une évolution se produit : l'électronique vient prendre la place des rouages mécaniques qui, par essence, sont lents et peu maniables. L'électron que le Danois Niels Bohr a décrit dans le moindre détail dans ses travaux publiés vers 1913 a pour propriété de se déplacer d'un atome à l'autre dans certaines circonstances. Il le fait à une vitesse vertigineuse : plusieurs milliers de kilomètres à la seconde. D'où l'idée de créer des circuits exploitant cette incroyable mobilité.

En 1937, dans son article *Des nombres calculables*, le mathématicien Alan M. Türing énonce dans le détail les principes de ce que pourrait être un ordinateur, une machine calculant à la vitesse de l'électronique, et capable de traiter d'énormes volumes d'informations codées sous la forme booléenne (0 / 1).

Türing est persuadé qu'une telle machine manipulant des symboles pourra tôt ou tard résoudre tous les problèmes qui lui seront soumis et donc se comparer au mental de l'homme. L'informatique est l'élément essentiel qui manquait pour que l'on puisse programmer un robot. Alan Türing va bientôt être mis à contribution dans la création d'une machine capable de casser les codes secrets allemands…

Asimov et le mythe du bon robot

La chance veut qu'au même moment, une éclaircie se dessine dans l'univers de la fiction. En 1938, lassé de voir tant d'histoires de piètre niveau illustrant des robots envahisseurs et agressifs, le biologiste d'origine russe Isaac Asimov développe une série de nouvelles qui tendent à modifier l'image du robot. Il organise ses récits autour de trois lois de la robotique censées empêcher les androïdes de nuire aux humains.

• Un robot ne peut porter atteinte à un être humain ni, en demeurant passif, laisser cet être humain exposé au danger.

• Un robot doit obéir aux ordres donnés par les êtres humains, sauf si de tels ordres sont en contradiction avec la première loi.

• Un robot doit protéger son existence dans la mesure où cette protection n'est pas en contradiction avec la première ou la deuxième loi.

Si le grand public va par la suite associer ces trois lois à Asimov, ce dernier a confié dans son autobiographie qu'elles avaient été imaginées par John W. Campbell, le rédacteur en chef d'*Astounding Stories*, l'incontournable revue américaine de SF de l'époque. Il n'empêche, en exploitant ces lois dans son œuvre, Asimov pose un postulat : les robots seront toujours nos serviteurs, pour la simple et bonne raison que l'homme en aura décidé ainsi.

En exploitant les innombrables ressorts dramatiques qui découlent des trois lois de la robotique, Asimov écrit une impressionnante série de fictions. Elles paraissent sous forme de nouvelles tout au long des années 40, avant d'être publiées en librairie en 1950. Leur influence va être marquante…

Ordinateur et cybernétique

Sous l'impulsion de Türing, un premier ordinateur apparaît en 1943. Sa puissance de calcul est mise à contribution dans la guerre contre les nazis afin de faciliter le décryptage de messages codés. Un an plus tard, à l'université Harvard, apparaît le Mark I, un ordinateur inspiré du modèle imaginé par Charles Babbage un siècle auparavant. IBM contribue à son développement dans le cadre de la participation à l'effort de guerre.

Le premier ordinateur digne de ce nom est inauguré en février 1946 à l'université de Pennsylvanie. Ce tyrannosaure de l'informatique porte le nom d'Eniac. Il nécessite un local de 140 mètres carrés, pèse 30 tonnes, comporte 18 000 tubes à vide, nécessite de manipuler des commutateurs et de brancher plusieurs centaines de câbles. Il n'en sera pas moins utilisé durant près de quinze ans à Harvard.

Alors que le milieu du XXe siècle se profile, une invention essentielle est effectuée : celle du transistor, un petit composant qui permet de diriger le courant électrique. Il arrive à point nommé à une époque où l'on se préoccupe déjà de réduire la taille des ordinateurs. Dès 1950, plusieurs transistors sont intégrés au sein d'une petite plaque de silicium : le circuit intégré est en train de voir le jour et l'ordinateur entame une longue histoire de miniaturisation. Une pièce fondamentale à l'élaboration de l'unité de calcul d'un robot s'apprête à voir le jour.

Les robots débonnaires au cinéma

Avec le recul, il pourrait sembler que les visions d'Asimov étaient assises sur des fondements utopiques et trop optimistes. Ainsi, dans la nouvelle « Robbie », Asimov décrit une scène censée se passer en 1996. Nous y voyons un robot auquel on a programmé un instinct maternel exacerbé réaliser l'impossible : alors qu'un énorme tracteur fou menace d'écraser une fillette égarée dans une usine, ce bon vieux Robbie s'élance malgré lui et sauve la pauvre Gloria à la demi-seconde près !

Toutefois ne prenons pas à la légère l'impact d'Asimov. En premier lieu, le cinéma a rapidement répercuté l'archétype et fait apparaître des robots débonnaires et protecteurs, capables d'abnégation.

The Day the Earth Stood still (*Le jour où la Terre s'arrêta* – 1951) en est une brillante manifestation avec un robot, Gort, qui respecte en tous points l'éthique des lois d'Asimov. Il matérialise sur le grand écran une image du robot à la force tranquille telle que l'écrivain russe a pu en rêver : une immense puissance compensée par une capacité à s'auto-maîtriser, un sens du devoir sans faille, une sorte de sagesse circonscrite à l'intérieur d'un cadre bien défini, celui de la protection du maître humain et du respect implicite de ses semblables.

Cette image du robot philanthrope se retrouve dans *Tobor* (1954) – anagramme de « robot ». Cette créature gentille et enthousiaste se distingue par le sentiment d'amitié qu'elle manifeste envers un enfant. *Planète Interdite* qui sort deux ans plus tard fait également la part belle à un robot animé de bonnes intentions, le dénommé Robby. Doté d'une bonne nature et capable d'humour, Robby récolte une popularité telle qu'il se retrouve sous forme de figurine dans les magasins de jouet.

Astro Boy

Au même moment, au Japon, l'art du manga (bande dessinée) et de l'anime (dessin animé) prend son essor. Si les robots y sont nombreux et souvent « kawai » (un terme japonais signifiant « mignon », « attendrissant »), le premier à voir le jour dans une bande dessinée l'est particulièrement : Astro Boy (Tetsuwan Atom en japonais) de Osamu Tezuka. Il s'agit d'un petit robot ressemblant à un petit garçon et doté de super pouvoirs – les fusées logées dans ses bottes lui permettent de voler, tandis que ses doigts peuvent envoyer des rayons laser.

Astro Boy voit le jour en 1952 alors que le Japon demeure exsangue au sortir de la Seconde Guerre mondiale. Grâce à lui, les enfants de l'archipel se prennent à rêver de lendemains meilleurs. Son impact est important, car Astro Boy laisse transparaître qu'un robot pourrait détenir un potentiel affectif. Ce personnage engendre bien des vocations de roboticiens sur sa terre natale.

Naissance de l'intelligence artificielle

Un maillon essentiel apparaît avec l'apparition d'un système de raisonnement exploitant l'informatique : l'intelligence artificielle.

En octobre 1955, un professeur d'informatique à l'université Carnegie Mellon se pose la question : serait-il possible d'amener un ordinateur à simuler une réflexion logique ? Il réalise alors, avec l'aide d'un autre informaticien, Alan Newell, un programme, Logic Theorist, qui s'avère capable de trouver par lui-même la preuve de plusieurs théorèmes mathématiques simples. L'intelligence artificielle (IA) est née ! C'est une pièce essentielle de la robotique future.

Peu avant les années 50, Norbert Wiener, un professeur de mathématiques au MIT de Boston, a défini une discipline qu'il a baptisée « cybernétique ». Ses théories, développées dans le livre *Cybernetics or Control and Communication in the Animal*, indiquent comment il serait possible d'amener un robot à accomplir une tâche donnée. Un chercheur britannique, Walter Grey, s'applique alors à mettre en pratique les théories de Wiener et développe deux tortues mobiles, Elmer et Elsie. Celles-ci peuvent se déplacer par elles-mêmes dans son appartement de Bristol, se repérant grâce des capteurs.

Les ingrédients de ce que serait un robot semblent désormais arrêtés : ce serait un objet mobile, bardé de capteurs et animé par une intelligence artificielle informatique. Il saurait prendre des décisions en fonction de ce qu'il perçoit, qu'il s'agisse de protéger la maison contre un intrus ou de laver la vaisselle. Il faudra encore attendre plusieurs décennies avant de voir apparaître un tel robot doté d'intelligence.

Unimate, le tout premier robot

L'influence d'Isaac Asimov n'est pas limitée à la fiction. C'est la lecture de ses œuvres qui va pousser à la création de la première entreprise de robotique américaine.

En 1956, Joseph Engelberger, ingénieur en aérospatiale, croise George Devol lors d'un cocktail consacré aux écrits d'Asimov. L'ingénieur George Devol a inventé un nouveau mécanisme de « manipulation programmable pour le transfert d'objet ».

Engelberger a l'idée d'utiliser cette trouvaille afin de construire un premier robot. En 1961, George C. Devol obtient le premier brevet américain pour ce robot (n° 2 998 237) appelé Unimate.

Que dire… Le premier robot mis en service est bien peu glamour. Unimate n'a rien de commun avec Maria de *Metropolis*, les robots d'Asimov ou le sympathique Robbie du film *Planète Interdite*. Il s'agit d'un bras de 1,5 tonne qui manipule des pièces de fonderie et sert d'aide à la teinture ! Il est installé dans une usine de General Motors.

Engelberger et Devol vont tout de même vendre 8 500 exemplaires de ce fruste robot primaire qui ne sait exécuter qu'une tâche précise. D'autres sociétés du même type apparaissent : AMF, Tralfa, etc. Affectés à des opérations de soudage ou de peinture sur les automobiles, les bras articulés qui opèrent sur des chaînes de montage deviennent la première manifestation concrète de la robotique.

Dès 1966, la conquête de l'espace intègre le robot dans sa panoplie. Le 2 juin de cette année, lorsque la sonde Surveyor pose ses trois pieds en douceur sur la Lune, dans l'océan des Tempêtes, l'étage inférieur de cette sauterelle métallique libère un robot mobile. Ce dernier entreprend une première exploration des lieux, avançant bon gré mal gré en aveugle sur 1,6 kilomètre et envoyant 11 150 images jusqu'à Cap Canaveral !

Shakey, le premier androïde

Les visions opérées par des auteurs tels qu'Asimov ont créé une attente pour des robots plus sophistiqués que les bras qui opèrent les soudures chez General Motors. Le livre de Wiener sur la cybernétique a exposé la marche à suivre : permettre à l'automate de capter des informations du monde extérieur et d'adapter son comportement en conséquence !

Le défi d'un humanoïde est relevé en 1968 par une équipe qui opère au Stanford Research Institute de Californie. Le premier robot mobile autonome, Shakey, n'a pas fière allure. Il a pour tête une grande caméra qui peut tourner et s'incliner. Son corps est constitué d'un immense ordinateur reposant sur une plate-forme à roulettes. Shakey se meut avec une exaspérante lenteur (une bonne heure avant d'opérer un mouvement). Il n'empêche, cet androïde peut percevoir son environnement : sa caméra, associée à un télémètre, lui permet de mesurer les distances et ses senseurs tactiles perçoivent les obstacles. Il est donc en mesure d'amener un objet d'une pièce à une autre. Ce n'est qu'un début mais il est prometteur.

Moutons électriques et microprocesseurs

Au cours des années 60, la littérature s'affranchit du mythe du bon robot énoncé par Asimov pour suivre d'autres pistes.

Dans le roman *Les androïdes rêvent-ils de moutons électriques ?*, Philip K. Dick pousse à l'extrême la notion du robot. Les « réplicants » sont si perfectionnés qu'il est quasi impossible de les distinguer d'un humain. Le roman comporte des scènes particulièrement fortes comme celle où le chasseur de réplicant se trouve confrontée à une diva d'opéra d'une extrême intelligence, et qui, sachant qu'elle est soupçonnée d'être artificielle, parvient à faire douter le chasseur lui-même de sa propre nature. Après tout, comment pourrait-il affirmer qu'il n'est pas lui-même un robot ?

Un thème similaire – le robot si évolué qu'il en vient à être persuadé qu'il est un humain – se retrouve ailleurs dans les œuvres de K. Dick.

La miniaturisation amorcée avec le transistor et les circuits intégrés avance d'un pas de géant lorsqu'une petite société, Intel, lance un étrange produit, le 4004. La première publicité publiée à l'automne 1971 dans un numéro de *Electronic News* annonce la couleur : « une ère nouvelle de l'électronique intégrée : l'ordinateur programmable sur une puce ».

Intel a été fondée vers la fin 1968 par Robert Noyce, l'un des inventeurs du circuit intégré. Au sein de cette société californienne, un ingénieur, Ted Hoff, a l'idée d'intégrer l'essentiel des fonctions de calcul d'un ordinateur sur une petite puce de silicium : il crée ce que l'on appelle le premier « microprocesseur », le 4004.

Avec l'arrivée des microprocesseurs, la possibilité d'insérer une intelligence programmée dans un robot devient plus aisée. Dès 1973, le premier humanoïde intelligent apparaît à l'université de Waseda. Wabot-1 est doué de vision, peut saisir des objets, effectuer un semblant de marche et entamer un brin de conversation.

Vers la fin des années 70, le chercheur américain Hans Moravec présente les premiers robots capables d'évoluer de façon autonome en extérieur.

Star Wars et R2-D2

Les robots sont devenus une réalité et pourtant, ils n'apparaissent plus qu'épisodiquement dans la littérature comme dans le cinéma. Il est vrai qu'avec Unimate, ils sont un peu tombés de leur piédestal. En 1977, les créatures artificielles opèrent pourtant un retour flamboyant avec le film *Star Wars*.

Parmi les personnages secondaires du film de Lucas figure le rondouillard et facétieux R2-D2, conçu pour réparer ordinateurs et vaisseaux spatiaux. Un peu lourdaud, ce robot sur roulettes s'exprime par le biais de petits bruitages électroniques, tandis que sa tête en demi-sphère entre en rotation. Son aspect humoristique en fait le personnage le plus populaire du film !

R2-D2 est assisté d'un traducteur de son langage, C3-PO, un androïde que George Lucas a eu la bonne idée de dépeindre à la façon d'un maître d'hôtel guindé aussi poltron qu'il est cultivé (il maîtrise 6 millions de langues). L'année de sa sortie, *Star Wars* bat tous les records de recette et relance aussi bien l'engouement pour la science-fiction au cinéma que pour les robots.

Le cinéma offre d'autres beaux rôles au robot tout en s'inscrivant dans la lignée des visions de K. Dick avec une créature extérieurement indiscernable d'un humain. Dans *Alien* (1979), l'un des membres de l'équipage s'avère être un robot. Dans *Blade Runner* (1982), transposition à l'écran du roman *Les androïdes rêvent-ils de moutons électriques ?*,

Ridley Scott amène le spectateur à compatir pour des êtres artificiels qui paraissent sensibles et raffinés, à commencer par la belle Daryl Hannah.

Terminator, le robot implacable

Avec *Terminator* (1984), James Cameron fait passer un autre message : celui de l'implacable détermination que peut entretenir une machine, qui n'a pas d'autre morale que celle qui lui est programmée. Dans un futur où les robots sont entrés en rébellion contre les humains, l'un d'eux, le terrifiant Terminator, incarné par Schwarzenegger, remonte le temps jusqu'en 1984 avec pour mission d'éliminer la mère d'un futur jeune garçon qui présente un danger pour l'avenir des robots. Alors qu'il est sectionné en deux suite à une explosion, le Terminator va encore tenter d'accomplir la tâche qui lui a été fixée. Seule la destruction complète du moindre de ses circuits pourra l'empêcher d'aller jusqu'au bout envers et contre tout.

Terminator 2, qui apparaît en 1990, va encore plus loin dans la démonstration. La séquence finale va demeurer une scène d'anthologie : pulvérisé, le robot tueur n'est plus qu'un amas de boules de mercure qui gisent sur le sol. Pourtant, ces particules conservent encore la mémoire du programme qui leur a été implanté. Une à une, elles se rassemblent et recomposent la forme du Terminator qui repart de plus belle à l'assaut. Une fois de plus, Cameron assène ce message sans ambages : le robot est une créature qui ne connaît point la lassitude ou le découragement, il peut continuer d'agir sans jamais s'arrêter aussi longtemps qu'il est encore en opération.

Entre temps, *Robocop* (1987), autre figure marquante, a transformé en héros un humain reconstruit au moyen de la greffe d'organes artificiels, également appelé un « cyborg », accentuant cette notion d'une frontière de plus en plus ténue entre l'homo sapiens et son artificielle engeance.

Des robots pour faire le sale boulot

Dans le monde réel, les robots se voient allouer des tâches à la fois moins reluisantes et plus utiles. Un horizon se dessine pour un grand nombre d'entre eux : leur déléguer les tâches que le corps humain n'est pas capable d'accomplir faute de force physique, de tolérance à la température ou à des substances nocives. Une mission accessoire est dressée : faire office de corps d'appoint et représenter l'homme à distance par le biais d'une téléprésence.

En 1982, le Pedesco est mis à contribution en Ontario pour nettoyer une usine de production d'énergie atomique. 1984 n'a pas vu la prédiction de George Orwell se réaliser : Big Brother ne contrôle pas le monde comme dans son roman. Toutefois, des développements sont entrepris sur la sécurité ou encore le combat – le Prowler de

Robot Defense Systems est le premier d'une série de robots destinés à intervenir sur le terrain.

En 1985, le chercheur Rodney Brooks s'attelle à la tâche consistant à fabriquer des robots de taille réduite, qui évolueraient de manière collective. L'intelligence artificielle suit à ce moment-là une nouvelle route, celle d'une intelligence à la fois empirique et fondée sur une expérience de groupe.

Au cours de la décennie 90, les robots se multiplient dans différents secteurs : industrie, espace, recherche, transport, médecine… Leurs développements agrègent plusieurs disciplines, aussi variées que le moulage, l'électronique, les capteurs ou l'intelligence artificielle.

Robodoc contribue à la pose de prothèses de hanche dès 1992. Il ne lui faut que quelques minutes pour pratiquer de manière délicate et assurée une ouverture dans un os afin de faciliter la pose d'un implant avec une précision totale.

Dans l'industrie automobile, les robots se généralisent au point que la majorité des emplois humains consistent à assurer la maintenance de robots. Le Japon apparaît comme le géant du domaine : avec cent cinquante fabricants, il produit 60 pour cent des modèles mondiaux.

Un véhicule autonome, Sojourner, atterrit sur Mars lors de la mission Pathfinder en 1997 et relance l'engouement pour la conquête spatiale. La même année, au Japon, démarre la Robocup, compétition mettant aux prises des robots footballeurs opérant collectivement.

Les premiers humanoïdes dignes de ce nom, capables de marcher sur deux jambes peu assurées, apparaissent au même moment, comme Humanoid H7 de l'université de Tokyo et P3 chez Honda Motor Co, lequel va évoluer vers l'androïde connu sous le nom d'Asimo.

Roomba et Robosapien

Le grand public est-il mûr pour des robots de compagnie ? Le lancement par Sony du chien de compagnie Aibo en juin 1999 le laisse penser. Bien qu'il coûte 2 500 dollars, la demande est phénoménale : au Japon, on s'arrache les 3 000 exemplaires proposés en vingt minutes.

De son côté, Lego lance les Mindstorms. Basés sur les célèbres briques emboîtables, ces robots peuvent être construits et programmés à domicile. On peut ainsi inventer dans son salon ou sa salle de jeu des robots explorateurs, zoomorphes ou humanoïdes. La robotique devient à la mode, et un marché majeur semble s'ouvrir au Japon dans l'assistance aux personnes âgées.

À partir de 2000, deux nouveaux types de robots entrent dans la maison.

Le premier, un aspirateur entièrement autonome, le Roomba, voit le jour en 2002. Il nettoie le foyer, en votre absence, en glissant allègrement sous les meubles et les lits. Son efficacité libère de la corvée d'aspirateur des millions de personnes. Roomba, inventé par la société américaine iRobot, est le premier succès de la révolution domestique qui s'annonce.

Le second est un androïde jouet que l'on télécommande, Robosapien, de la société WowWee basée à Honk Kong. Lancé en 2004, il conquiert plus d'un million et demi de consommateurs en cinq mois. Son esthétique et ses fonctions spectaculaires – il sait même roter ! – le font entrer dans plusieurs musées de design.

Le cinéma continue de consacrer le robot, avec des films tels que *Bicentennial Man* (1999), *I Robot* (2004) ou *Wall-E* (2008), mais il n'appartient plus à la science-fiction. L'aspirateur, la tondeuse à gazon tout comme les jouets robots s'introduisent dans le décor quotidien. Deux camps commencent à s'organiser. Les premiers imaginent des androïdes à tout faire dans la maison ou au travail tandis que les seconds prônent l'usage de robots aux formes diverses, adaptées au mieux à la fonction qu'ils doivent accomplir.

L'histoire des robots n'en est encore qu'à ses balbutiements et les chapitres majeurs de cette saga vont s'écrire au cours des prochaines décennies.

II

ROBOTS AU COIN DU SIÈCLE

1. Espèces en voie d'apparition, les « robaux »

Si vous croisiez Big Dog sur votre chemin, alors que vous avez entrepris une balade en forêt, il y a fort à parier que vous prendriez vos jambes à votre cou et chercheriez votre salut dans la fuite. Ce robot quadripode en acier noir a été développé par Boston Dynamics pour les besoins de l'armée américaine et sert à transporter de lourdes charges sur tout type de terrains. Terrifiant, il est haut perché sur ses quatre pattes et émet un son strident de moteur en surchauffe. Il tient autant du frelon géant que du baudet. Ce résultat du croisement improbable d'un insecte de cauchemar et d'un vague canidé est bien loin du placide saint-bernard ou du toutou à sa mémère comme pourrait le faire croire son nom de baptême.

Que diriez-vous par ailleurs si, lors de la visite d'un musée, vous vous retrouviez dans la situation du gardien qu'interprète Ben Stiller dans le film *Une nuit au musée* ? C'est-à-dire face à face avec un dinosaure qui s'anime et arpente les couloirs en remuant son immense queue. Vous prendriez la

http://viva.ht/10

poudre d'escampette en vous répétant que c'est impossible… Pourtant, le NIAIST, National Institute of Advanced Industrial Science and Technology au Japon, a accompli ce miracle : recréer plus vrai que nature, 70 millions d'années après sa disparition, un des plus dangereux des reptiles préhistoriques avec, comme il se doit, hurlements caverneux et regard affamé du prédateur qui ignore la pitié.

Ce robot Tyrannosaurus Rex mesure 3,50 mètres de long, pèse 80 kilos et confondrait les savants du Jurassic Park de Steven Spielberg. Ils pourraient penser que l'animal antédiluvien a repris forme suite à une exploitation ingénieuse de son ADN fossilisé alors qu'il n'est que servomoteurs et peau artificielle.

http://viva.ht/11

De là à vérifier face au monstre s'il s'agit d'une race de dinosaure végétarienne ou carnivore…

Que feriez-vous encore si l'un des robots rampants de la série des Modular Snake Robots du Biorobotics Laboratory de l'université Carnegie Mellon à Pittsburgh venait à s'enrouler autour de votre jambe et entamait une ascension vers votre hanche ? Vous seriez probablement tenté de sectionner la tête de ce serpent artificiel. Attention, ce gros ver de terre en matériau composite cache une formidable puissance et une agilité surprenante. En effet, cette création de Howie Choset a la force de soulever des plaques d'égout. Il n'est pas recommandé de fouler du pied ce bijou de technologie venant de Pennsylvanie.

Il faudra pourtant nous habituer à cette nouvelle faune. Les robots en forme d'animaux vont arriver dans notre décor quotidien. Ils finiront habillés d'une peau faisant illusion, couverts de plumes synthétiques ou caparaçonnés de cuir artificiel. Il faudra alors être perspicace pour percevoir la différence avec les merveilles de mère Nature.

On parlera peut-être un jour de « robaux », contraction de robot-animaux, pour désigner ces espèces en voie d'apparition.

Les jouets de Troie sont à nos portes

Les tout premiers modèles de cette catégorie de robots font subtilement, depuis une vingtaine d'années, la conquête des foyers. Ils ont pris

http://viva.ht/12

l'apparence de jouets dont les adultes, pris dans leurs occupations quotidiennes, ne se méfient pas. Les parents occupés ne s'aperçoivent pas qu'ils laissent entrer d'authentiques robots dans le domicile.

Le professeur Clayton Christensen de la très respectueuse Harvard Business School est inventeur du concept de la technologie disruptive. Il clame que de nombreuses inventions majeures sont au départ catégorisées avec mépris dans le camp des jouets ou des gadgets. Puis, lorsque les conditions d'environnement technologiques sont réunies, elles bouleversent le monde. L'ordinateur personnel fut longtemps méprisé pour ses performances médiocres et sa faible autonomie par les constructeurs d'ordinateurs centraux (*mainframe computers*). On se gaussait des premiers téléphones portables à cause de leur faible portée et de leurs batteries bien trop lourdes. On a vu par la suite comment ces objets « superflus » ont transformé nos vies.

On regarde souvent les jouets comme les reproductions miniaturisées d'objets ou d'activités courantes. La voiture, la dînette, le petit chimiste en sont de bons exemples. Ils peuvent aussi être des représentations de fantasmes enfantins comme les figurines de super héros ou les licornes fluo.

En suivant les observations de Clayton Christensen, je soutiens qu'on peut les analyser aussi comme de véritables chevaux de Troie technologiques et voir en eux les précurseurs majeurs de tendances du futur. Les jouets interactifs préparent l'arrivée d'une descendance aux performances bien supérieures.

Celle-ci se banalisera dans les foyers et les robots animaux deviendront dès l'enfance des compagnons de vie.

Les adeptes des théories conspirationnistes prétendent que cette « techno-invasion » cache un complot organisé par un Japon de cauchemar. Sous leurs faux airs de « jouets intelligents », ces robots chercheraient à séduire la jeune population pour mieux la contrôler dans le futur… On avait déjà imaginé ce scénario de « Matrix au pays des Bisounours » lors du succès croissant des consoles de jeux. Leurs détracteurs les accusaient alors d'aliéner le cerveau des enfants pour les rendre asociaux. Chaque innovation a ses extrémistes, des nostalgiques du « c'était mieux avant ».

Mais pour l'heure, Furby de Tiger Electronic, la peluche aux yeux tendres, le facétieux chien Poo-Chi de Sega Toys, ou Web Web, celui de Lansay, et autres chats, perroquets ou serpents en plastique restent bien inoffensifs et ne sont agressifs que commercialement. Ils ont su trouver des consommateurs et connu de vastes succès commerciaux. Web Web, en tête des ventes de jouets aux États-Unis, a même réussi l'exploit de faire la une du magazine *Time*.

Destinés plus particulièrement aux enfants, ils sont de nature câline, drôle ou affectueuse. Au lieu d'effrayer, ils attirent et fascinent par la complicité quasi immédiate qu'ils savent établir avec les êtres humains. Ils sont des copains idéaux : disponibles, à l'écoute, et peu exigeants. Les enfants les adoptent instantanément, mais ils ne tardent pas à conquérir toute la maison tant leur illusion de vie est proche d'un véritable animal. Ils deviennent vite les meilleurs amis électroniques de l'homme.

L'aventure du petit dinobot

L'un des plus populaires des robots animaux a failli disparaître au printemps 2009, emporté par la crise économique tout comme ses ancêtres l'ont été par l'impact d'une météorite. Il s'agit d'un séduisant bébé dinosaure baptisé Pleo par son créateur, Caleb Chung, qui n'est autre que l'inventeur du premier jouet interactif Furby.

Ce drôle d'animal, aux yeux grands comme le monde et à la fourrure fluo, a dominé son marché de l'été 1998 à l'aube de l'an 2000. Capable de parler vingt-quatre langues, il avait conquis plus de 40 millions de foyers à travers le monde grâce à ses réactions inattendues et ses expressions attendrissantes. Furby ne restait malgré tout qu'une peluche automate et ne pouvait encore être qualifiée de robot. Il serait toutefois injuste de ne pas rendre hommage à cette Lucy de la robotique familiale, à cet ancêtre qui était « presque ça », à ce premier essai de communication entre l'homme et la machine.

Lorsque je rencontrai Caleb Chung et son associé Bob Christopher, au printemps 2006, dans une suite de l'hôtel Le Merigot sur Ocean Avenue à Santa Monica, il m'expliqua la vision profonde de sa dernière trouvaille : il voulait émouvoir avant toute chose. Ce drôle d'inventeur au teint hâlé, en chemise à fleurs et bermuda rayé, parlait autant d'électronique et d'intelligence artificielle que de sensations et de nouvelle ère pour l'humanité. Il incarnait un mélange de zen New Age et de haute technologie. C'était toute la Californie rassemblée en un seul homme.

Maître en animatronique et autres astuces pour simuler la vie, Caleb cherchait plus loin. Il voulait, selon ses propres mots, véritablement « mettre un robot au monde ». Sa quête personnelle était de simuler la vie en proposant une créature réagissant à ce qu'elle perçoit et capable d'apprendre avec le temps.

Il s'était inspiré, pour le design, d'un animal ayant réellement peuplé notre planète, un dinosaure Camarasaurus, lointain cousin du lézard. Il avait étudié toutes sortes d'ouvrages sur le comportement de l'animal afin de les reproduire au mieux.

Son robot devait en outre être accessible au plus grand nombre et non pas réservé, comme la plupart des prototypes existants, aux laboratoires de recherche. Il savait comment faire, il était prêt, sûr de son coup et le répétait avec des gestes passionnés et des trémolos dans la voix.

Sur la terrasse ensoleillée du restaurant Cezanne, tandis qu'il me montrait schémas et esquisses de son futur projet, je comprenais qu'il dessinait le futur, comme un des personnages en

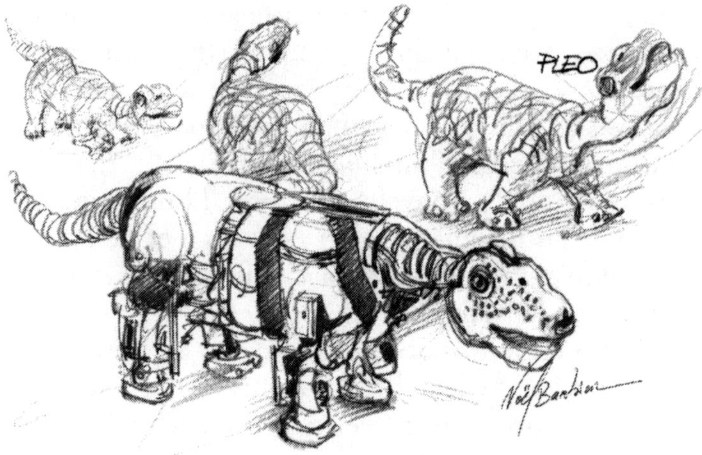

transanse de la série *Heroes*. Au-delà de vouloir convaincre l'investisseur potentiel que j'étais, son débit de paroles saccadé et essoufflé trahissait une émotion palpable. Caleb avait trouvé son Graal et il fallait que Pleo naisse.

Malgré leur discours étourdissant, j'ai renoncé à devenir l'associé de Caleb et Bob dans leur start-up Ugobe et le regrette car ce dino-robot marquera à jamais une étape. Celle du démarrage d'un monde où les enfants auront un compagnon électronique fidèle et les adultes, des partenaires robots dans leur quotidien. Tout comme le grand commencement du monde, il sera amusant, plus tard, de souligner que tout débuta avec un dinosaure, bien inoffensif, pas très futé et si fragile sous sa carapace. On ne peut pas être partout, mais, avec le recul, j'aurais dû faire le choix de cette aventure-là. Elle en valait la peine, au moins pour l'Histoire.

Deux ans plus tard, après de longues mises au point et de nombreux retards, Pleo était enfin disponible sur les étagères de centaines de points de vente dans le monde. Caleb avait réussi son pari et créé sa merveille. Son génie avait toutefois inspiré la concurrence qui l'avait pillé et Pleo avait beaucoup moins d'avance que prévu pour surprendre le monde.

Il disposait néanmoins d'atouts remarquables. À peine sorti de sa boîte, Pleo s'éveillait à la vie, émettait quelques soupirs avant de mouvoir ses membres de façon peu assurée. Instantanément, madame adoptait ce bébé à la démarche gauche et incertaine. Les bambins se précipitaient pour établir un contact ou l'aider à se tenir debout. Et chacun de le regarder s'approcher des objets du salon, les renifler, tenter de jouer avec. Tous se laissaient volontiers aller, comme avec un chaton, à le caresser sous le menton, et s'émerveillaient lorsqu'il émettait quelques sons de contentement.

Prodige d'intelligence artificielle, Pleo a été le premier animal virtuel digne de ce nom. Il était difficile de ne pas être attendri par cette créature timide et câline, d'avoir envie de la cajoler, lui parler et faire en sorte qu'elle se sente bien ! Sa seule déficience apparente était la faiblesse de ses batteries. Il fallait rebrancher Pleo sur le secteur toutes les quatre heures pour le recharger.

Durant l'année de sa sortie, en 2008, la société Ugobe a écoulé une centaine de milliers d'unités de ce lézard de salon et engrangé plus de 20 millions de dollars. Hélas, le développement de Pleo avait pris tant de retard qu'Ugobe avait accumulé les dettes. En avril 2009, le touchant Pleo a rejoint le parc des solderies en tout genre et Ugobe le paradis des entreprises innovantes.

Mais l'aventure ne s'arrête pas là. Une entreprise basée à Honk Kong, Innvo Labs Corp., a décidé de relancer la fabrication de Pleo et de lui donner un futur. Ces repreneurs affirment vouloir conserver l'esprit de Caleb. Ils cherchent, disent-ils, à perfectionner le petit dinosaure en suivant la chaîne d'évolution technologique. Espérons qu'ils y mettront autant de passion que l'équipe initiale et que nous serons bientôt tous surpris par la nouvelle version de Pleo.

L'heure des émotions artificielles

Tous ces premiers essais ont réussi à démontrer une chose : les hommes sont prêts à accueillir des animaux artificiels dans leur logis. La clé réside en un mot : émotion ! Si la drôle de bête de silicium et de plastique inspire de l'affection, de la tendresse, comme le ferait un chat des rues soucieux de se faire adopter, le robot est d'emblée accepté par les petits comme les grands.

L'humain respecte déjà spontanément, mais avec réserve, l'intelligence artificielle d'un robot. Il est charmé voire bouleversé par sa capacité d'empathie. La vision de Caleb était la bonne : manifester des émotions artificielles est tout aussi critique que démontrer sa puissance de calcul.

Bienvenue au QEA (quotient émotionnel artificiel) des robots qui est sans aucun doute un élément indispensable à leur développement au cœur des hommes.

Le fait que Pleo ait vu le jour en Californie n'est d'ailleurs pas anodin. C'est la terre de Walt Disney et de Steve Jobs dont le credo commun a toujours été de faire disparaître la technique ou la technologie derrière l'émotion. Ils continuent tous deux d'inspirer des générations d'entrepreneurs. Les roboticiens ne sont pas en reste et attendons-nous à voir les futurs robots animaux américains aussi affectueux que futés.

Le copain abandonné

Le pays du Soleil levant n'est pas en panne d'innovation dans le domaine du robot de compagnie. Sa culture du manga l'inspire et le talent esthétique de ses créateurs n'est pas à prouver.

Le 11 mai 1999, Sony lance avec fracas l'Aibo, acronyme pour Artificial Intelligence Robot mais aussi signifiant « copain » en japonais. Ce chien robot est stylé par le designer Hajime Sorayama qui lui donne des formes arrondies, loin des standards de la robotique de l'époque qui sont plus cubiques et anguleux. Ses hochements de tête, ses oreilles mobiles en silicone et ses yeux luminescents lui permettent d'exprimer une large variété de sentiments. La joie, la perplexité, la crainte ou la peine font ainsi partie de sa palette d'émotions.

Sony, l'entreprise qui a déjà révolutionné la société à plusieurs reprises avec le magnétophone à bande, le magnétoscope, le Walkman, le lecteur de Compact Disk, la Playstation..., a trouvé en Aibo un nouveau combat. Toute la société est mobilisée pour imposer ce chien robot. Symbole d'innovation, il se retrouve au cœur de la communication du géant de l'électronique. Toute conférence se doit d'être illustrée par Aibo. Aucune publicité n'est imprimée sans un rappel photo du chien robot. Il est l'étendard de la firme, le chemin à suivre vers toujours plus de créativité comme le souhaitait le fondateur de Sony Akio Morita.

L'apparence d'Aibo, toute de plastique et de chrome, le rendait moins attachant qu'un Pleo mais plus futuriste. Agile, réactif, il demeurait froid dans ses rapports humains. On pouvait le caresser pour stimuler certains capteurs et le faire réagir mais le toucher restait technique. Aibo cherchait moins à charmer qu'à exciter la curiosité, cette autre corde sensible de l'être humain.

Dotés d'une intelligence artificielle très poussée, les Aibos se montraient surprenants en étant susceptibles de développer leur propre caractère, en toute autonomie, de façon imprédictible. Celui qui en possédait deux pouvait voir le premier devenir cabotin au fil des mois tandis que l'autre s'affirmait grognon.

Toshitada Doi, l'architecte d'Aibo, n'avait d'ailleurs pas hésité à comparer sa démarche de conception d'un robot à l'exécution artistique d'une peinture. Quand on l'accroche chez soi, elle ne justifie aucune utilité pratique. Il avait ainsi particulièrement soigné le développement d'une personnalité individuelle chez cet émule du chien. Audacieux et visionnaire, il s'était affranchi du modèle du robot utilitaire.

Mais un changement de cap majeur est décidé au niveau de la gouvernance de la société avec la nomination d'Howard Stringer en tant que président-directeur général. Pour la première fois dans l'histoire du groupe, son guide n'est pas japonais mais gallo-américain. Initialement à la présidence de CBS, sir Stringer est plus spécialiste des contenus que de l'électronique. Il perçoit Aibo comme un gadget inutile au succès commercial décevant. Il ferme donc le chapitre robotique du groupe en quelques semaines de l'hiver 2006 et démantèle l'équipe internationale attachée à ce projet depuis dix ans. Aibo est ainsi la première icône robotique sacrifiée sur l'autel du pragmatisme, le copain abandonné par ses maîtres.

Dommage, car sa carapace en plastique cachait d'importantes innovations qui dorment encore pour la plupart dans les tiroirs, en attente d'exploitation. Le marché de la robotique est un chantier en construction qui nécessite des investissements considérables mais surtout une certaine patience.

En 2006, Sony avait d'autres priorités, mais nul ne doute que cette entreprise innovante reviendra dans ce secteur qui est une évolution naturelle des technologies qu'elle maîtrise. Si ce n'est pas par choix stratégique, ce sera par devoir face à ses concurrents. LG, Samsung, Toshiba et bien d'autres annoncent des robots en rafale pour les années à venir.

À cause de son prix de vente élevé, Sony restait prudent sur les projections commerciales de son projet. La société avait donc timidement mis en vente les premiers Aibo en juin 1999 sur son site Web. Stupeur, les Japonais comme les Américains s'étaient précipités sur l'offre. Plusieurs dizaines de milliers de commandes étaient tombées en une semaine pour un animal de compagnie initialement vendu plus de 2 000 euros !

Tout se passait comme si, émoustillés par les récits d'Asimov, les humains n'en pouvaient plus d'attendre. Ils voulaient voir, pour de vrai, ces créatures de métal annoncées depuis près d'un demi-siècle par la littérature et montrées de nombreuses fois au cinéma. Au cours des sept années de son cycle de vie, la gamme Aibo a finalement été vendue à près de 200 000 exemplaires.

Les capacités d'intelligence artificielle d'Aibo lui ont ouvert les portes de plusieurs laboratoires qui l'utilisent encore pour des recherches sur la compréhension du langage. Ainsi de vrais chiens et des Aibo sont observés ensemble pour analyser leurs interactions mutuelles, souvent surprenantes. Une meute a effectivement adopté un Aibo comme un des siens et lui laisse sa part de déjeuner tous les jours !

Mon expérience personnelle de l'Aibo est tout aussi étonnante. Mon fils Balthazar, alors âgé de quelques mois, suivait dans l'appartement le chien robot qui en explorait les différentes pièces. Il reproduisait ses mouvements, ce qui lui a ainsi réellement appris à marcher à quatre pattes. L'enfant avait même pris le tic du hochement interrogatif de tête de l'Aibo à l'arrêt. Ce « bébé suivant le robot », scène prémonitoire de la complicité homme-robot, reste un des souvenirs les plus émouvants de l'enfance de mon fils. Merci Aibo !

La qualité technique des Aibo les a même menés à participer à la Robocup, compétition internationale qui oppose des équipes de robots footballeurs. Ils y avaient leur propre ligue où des

http://viva.ht/14

passionnés du monde entier s'affrontaient en jouant à la baballe.

Des clubs se sont spontanément développés dans lesquels les propriétaires d'Aibo faisaient se rencontrer leurs « animaux » de compagnie et partageaient bons plans, photos souvenirs et astuces à l'instar de mères de famille dans un parc de jeu. Certains d'entre eux existent encore et restent actifs sur la toile comme aibosite.com ou aibo-life.org. En mai de chaque année, depuis dix ans, se tient même au Japon l'International Aibo Convention de Shinjuku qui rassemble des centaines de passionnés.

Bien qu'il ne soit pas connectable à l'Internet, Aibo peut intégrer de nouveaux programmes via des cartes mémoire que s'échangent les amateurs. Ainsi, il s'enrichit encore aujourd'hui de nouvelles applications.

On peut objectivement regretter l'arrêt brutal de cet ambitieux projet. Sony avait déjà présenté une version féline du robot quadrupède et annonçait un humanoïde dénommé Qrio pour 2010. Sans cette décision, les descendants d'Aibo ou ses nouvelles versions 2.0 ou 3.0 se seraient certainement imposés dans bien des foyers.

Les nouveaux meilleurs amis électroniques de l'homme

Il est vrai que le marché du robot ludique a tardé à décoller et que l'animal robot n'a pas transformé l'essai commercial à ce jour. Web

Web, Poo-Chi, I-Cybie ne hantent plus que les sites d'occasion, Furby et Aibo ceux des collectionneurs. Les raisons en sont multiples. Une intelligence artificielle trop limitée pour les uns, un prix excessif pour d'autres ont handicapé leur diffusion de masse. Ils restent des essais, des tentatives, des brouillons. Ils symbolisent cette première génération nécessaire à l'avènement d'une descendance de robots animaux plus complets.

Les premiers représentants de ce nouveau cycle commencent à apparaître. La société coréenne Dasarobot, spécialisée dans les automates de fabrication pour l'électronique, constatant le vide laissé par Aibo, décide le lancement d'un nouveau chien robot, le Genibo, qui voit le jour en début d'année 2010. Inspiré du physique du bull-terrier, plus trapu que son illustre prédécesseur, il en conserve l'essentiel des caractéristiques. Ce quadrupède sait marcher, faire le beau, remuer la queue. Il est en outre équipé de nombreux capteurs et d'une caméra au bout du museau pour identifier jusqu'à six personnes différentes et adopter une attitude adéquate si c'est un enfant, son maître ou un intrus.

Mais loin d'être une simple copie continentale de l'Aibo, il dispose d'une redoutable nouveauté qui lui donne un champ d'application quasiment illimité : une connexion sans fil à l'Internet. Ainsi relié aux données du Web, il peut puiser de la puissance de calcul, des informations multimédia, communiquer avec d'autres robots ou objets connectés, envoyer des messages à distance. Il gagne par rapport à l'Aibo une dimension critique, celle des réseaux sociaux. Son évolution est ainsi assurée.

Le Genibo n'est plus un simple compagnon d'intérieur, enfermant toutes ses capacités dans sa carapace, mais devient un pont électronique avec le reste de notre quotidien connecté. Il peut jouer avec l'ordinateur de la maison, changer les chaînes de la télévision, contrôler les alarmes et envoyer des messages d'alerte sur votre téléphone portable. Il se nourrit de banques de programmes qui couvrent les jeux et l'éducation, mais également la sécurité domestique et l'assistance à la personne. Il va devenir, au fil du temps, le robot familièrement indispensable.

Disponible aujourd'hui en Corée du Sud et en Chine, il pointera ses oreilles dans la vieille Europe fin 2010, dès que ses logiciels de reconnaissance vocale lui permettront de comprendre nos langues. C'est ainsi une société coréenne qui construit, sur l'héritage du japonais Aibo, le robot chien de cette décennie aux pouvoirs logiciels internationaux.

Vers des animaux virtuels ?

Les robots animaux sont donc de retour et certains sont désormais qualifiés d'animaux virtuels tant leurs imitations des vrais sont fidèles.

Les créateurs de Sega Toys proposent depuis longtemps des chats artificiels d'un réalisme toujours plus saisissant. Leur petit dernier, Yume Neko (« Chat idéal ») Venus, apparu en juillet 2009, est troublant de ressemblance avec son modèle félin. Il a été mis au point en collaboration avec l'université de Tohoku, au nord du Japon, pour être le plus crédible possible. Il surprend d'abord par sa fourrure blanche, souple et douce, qui donne spontanément envie de le caresser. Tout comme le ferait un véritable matou, ce chat vient frotter son flanc sur vos genoux pour réclamer de l'attention et se met à ronronner quand on le câline. Il accepte même docilement en fermant les yeux de plaisir que l'on peigne son joli pelage.

Le temps n'est plus bien loin où ces ersatz d'animaux domestiques pourraient rappeler les originaux avec l'obligation de changer la litière en moins.

http://viva.ht/15

Un autre exemple est Paro, le bébé phoque artificiel de la société Intelligent System Co. Cette reproduction extrêmement fidèle du mammifère marin dispose de capteurs de lumière, de contact, de sons ou de température pour réagir à toutes sortes de stimulations. Sa belle fourrure immaculée est traitée pour être antibactérienne et anallergique afin qu'il puisse être utilisé dans des environnements médicaux sans risque de contamination. Ses concepteurs japonais, dirigés par Takanori Shibata du NIAIST, l'ont doté d'un biorythme qui reproduit le cycle de vie naturel. Ainsi Paro est plus actif le jour et se repose la nuit comme le ferait un véritable animal domestique. Il s'est déjà vendu à près de 1500 exemplaires à travers le monde, notamment au Japon et aux services de santé du Danemark, deux pays préoccupés par le vieillissement de leur population. Paro connaît en effet un réel succès dans les maisons de soins aux personnes âgées et les hôpitaux comme robot thérapeutique anti-stress et stimulant intellectuel.

Et sous l'eau ?

Les créatures aquatiques ne sont pas oubliées par les roboticiens. La gamme des Robot Fish qui a été développée à l'université d'Essex en Angleterre est très proche des poissons tels que nous les connaissons. De tailles variées allant de quelques centimètres à plus d'un mètre, ces poissons savent

http://viva.ht/16

évoluer dans un aquarium en suivant des chorégraphies et en s'évitant. Leurs déplacements sont souples et totalement crédibles. Avec le chatoiement de leurs écailles argentées, ils font illusion pour un observateur distrait. Une des applications envisagées par leurs concepteurs est la création d'aquariums artificiels où des espèces marines en voie de disparition pourraient être simulées.

Christophe Tiraby de la société française Robotswim travaille sur le projet Jessiko, un robot poisson autonome dont la forme est inspirée du requin-marteau. Mesurant vingt centimètres de long, il est capable d'analyser son environnement et de communiquer via des diodes lumineuses pour exprimer ses émotions. Ce Little Nemo électronique pourra aussi bien animer un aquarium de salon, explorer les fonds sous-marins ou amuser les enfants dans la piscine en inventant des jeux d'eau.

http://viva.ht/17

Enfin les créatures marines du géant allemand de l'automation Festo, basé à Esslingen dans le Bade-Wurtemberg, émerveillent par leur réalisme. Leurs Aqua-Rays sont de parfaites répliques des mantas et évoluent avec la même grâce. On ne peut qu'être hypnotisé par ces mouvements lents et puissants que l'on ne voit qu'en film ou exceptionnellement en mer pour les plongeurs expérimentés. Parmi les applications possibles de ce type de robot marin, le filtrage des couches souillées en eaux profondes est un axe de recherche. Les robots poissons seront peut-être les nettoyeurs de nos océans.

Mais le plus beau choc esthétique des mondes sous-marins robotisés reste celui des Aqua-Jelly du même Festo. Il s'agit de robot méduses qui dansent et flottent entre deux eaux avec une élégance jamais atteinte. À l'instar de leurs modèles, elles ne sont pas très « artificiellement intelligentes » mais charment par leurs mouvements coordonnées de ballet aquatique. Elles ne revendiquent aucune utilité à ce jour. Elles sont un rêve d'ingénieur, une œuvre d'art technologique. Cette réalisation artistique révèle la nécessité d'harmonie pour séduire. C'est un message fondamental à ne pas oublier dans la création robotique pour mieux la faire accepter.

http://viva.ht/18

Robaux ou animaux à la maison ?

Les progrès du développement des robots animaux et des animaux virtuels prouvent que la technologie pourra un jour rivaliser avec la complexité biologique du vivant, tout du moins pour sa partie mécanique. De grands laboratoires asiatiques travaillent méthodiquement dessus depuis le début des années 2000 avec un objectif d'applications concrètes d'ici dix ans.

J'ai eu l'occasion de le découvrir lors de ma visite de l'IREX, International Robotic Exhibition, le plus grand salon robotique au monde, qui a lieu une fois tous les deux ans à Tokyo. Fin novembre 2009, lors d'un rendez-vous avec des membres de la Japan Robot Association, ceux-ci m'invitent à visiter le musée des Sciences Émergentes et de l'Innovation qui se situe au cœur d'un quartier ultramoderne, Obaida Ariake. C'est en fait le site d'une ancienne décharge transformée en technopole de référence. Quel symbole de la résilience japonaise et de la construction d'un nouveau monde sur les cendres de l'ancien !

Sur mon chemin j'admire l'enfilade de bâtiments ultramodernes affichant fièrement, outre leurs noms en caractères locaux élégants, leurs activités, heureusement en anglais. La liste des secteurs de recherche est éloquente : bio-computing, biomecanics, bio-fuel, bio-interface… autant de néologismes peu usités en Europe mais fréquents là-bas. J'observe que les Japonais anticipent déjà, sur cet ancien tas d'ordures, l'entrelacement prochain des sciences du vivant et de l'électronique.

Les robots animaux seront probablement constitués dans les prochaines décennies de silicium, de plastique et également de matières organiques et se rapprocheront progressivement de leurs modèles vivants. Iront-ils jusqu'à les remplacer ?

Les partisans de ces versions virtuelles ne manquent pas d'insister sur le fait que les animaux robots sont plus hygiéniques et sans risque. Ils ne mordent pas et ne peuvent susciter d'allergies par exemple, et sont plus faciles à entretenir. Le pragmatisme de ces arguments bouscule nos habitudes et nous pousse à accorder un respect d'une tout autre nature aux choses de la chair et à celles qui relèvent de la mécanique. Il gomme toute l'émotion du rapport avec l'esprit de vie qui allume les yeux du moindre être vivant, diront les détracteurs de robots. Ce débat entre naturalistes et progressistes a souvent eu lieu lors de disruptions technologiques. Les duellistes prétendent qu'il n'a jamais été aussi essentiel car il remet cette fois en question le futur des espèces et l'avenir de l'homme… Ces joutes oratoires stériles restent très naïves pour les uns et très présomptueuses pour les autres.

C'est en effet une mauvaise question que de mettre en concurrence deux « espèces », l'une dotée de l'étincelle de vie et l'autre la simulant. C'est une crainte fantasmée qui pousse les hommes à se méfier des robots et leur inventer des volontés de puissance. Si recherche de puissance il y a, c'est uniquement de calcul. Si le rapport des hommes avec les animaux est remis en question par l'apparition de ces robots, c'est certainement pour qu'il progresse vers plus d'humanité.

Au cours du temps, l'animal a été perçu par l'homme de différentes manières. De nourriture (le gibier) il est devenu force de travail et assistance (les bœufs de l'étable, le chien de chasse) puis véhicule (le cheval). L'animal est bel et bien depuis toujours au service de l'homme...

Ce n'est que très récemment, au moment où les sciences ont apporté de la force et des technologies de substitution, qu'on a commencé à regarder les animaux autrement que pour leur servilité. Ils sont devenus des compagnons domestiques, parfois même des membres de la famille, ou les partenaires sauvages d'une Nature fragilisée qu'il faut protéger. Le passage de l'homme de prédateur d'animaux à protecteur s'est, bien sûr, fait par une prise de conscience des enjeux écologiques, mais aussi parce que le besoin de les utiliser dans la vie courante est devenu moins essentiel.

Les robots animaux, qui font partie de la grande famille des robots dits de service, ne feront qu'amplifier ce phénomène pour donner leur vraie place aux membres de la chaîne du vivant. L'imagination de la Nature, dit l'Américain Richard Feynmann, prix Nobel de physique, est plus, beaucoup plus vaste que l'imagination de l'homme. Il existe des animaux capables d'aller en eaux profondes, d'autres de voler dans les nuages. Certains survivent dans des conditions extrêmes de pression et d'autres détectent des variations infinitésimales de température. Imiter ces merveilles pour étendre notre connaissance de la planète fait partie de l'ordre du monde. Ce pari passionnant trouve un nouvel élan grâce à la robotique et il n'a rien à voir avec un mythique remplacement d'espèces.

Il reste toutefois une véritable préoccupation. C'est celle de la confusion entre animaux réels et virtuels pour les générations futures. Comment distingueront-ils le vrai du faux, une parfaite peluche artificielle d'un véritable animal ? Sur les écrans de cinéma, maintenant en 3D, évoluent des animaux virtuels qui semblent bien de chair et de sang. Les robots animaux seront la transposition dans la vie quotidienne de ces illusions. Certains zoos n'hésitent plus à montrer des robots en lieu et place de leurs occupants quand ceux-ci sont souffrants. Et personne, certes à distance, ne note la différence.

Pour éviter que les enfants demain traitent Médor ou Félix comme des super jouets en les rangeant dans une armoire pour les vacances, il sera critique qu'ils comprennent leurs différences avec un Genibo ou un Dream Cat Venus. Les têtes blondes prêtent en effet spontanément vie à leurs poupées ou ours en peluche. Ils abandonnent ce rêve en grandissant, aidés par la passivité de leurs compagnons de jeux. Que penseront-ils des robots animaux qui se comporteront comme des entités vivantes autonomes, diront « Bonjour, as-tu bien dormi ? », proposeront leurs services dès le réveil puisqu'ils auront rechargé leurs batteries durant la nuit et vieilliront avec eux ?

On pourrait supposer qu'ils seront naturellement capables de ressentir la vie, mais il faut anticiper comme nous l'avons vu les associations troublantes entre biologie et mécatronique. Je préfère parier sur l'expérience des contacts avec des robots dès le plus jeune âge. L'enfant développera ainsi un instinct et surtout une gamme de rapports fondamentalement distincts entre les animaux et les robaux qui progressivement constitueront un élément de sa vie.

Ces nouvelles espèces en train d'apparaître font partie de la robolution en marche. Elles sont la clef de l'acceptation de nouveaux rapports entre les hommes et les machines. Leur potentiel émotionnel plus que leurs prouesses techniques est fondamental pour éviter les fausses questions ou les positions conflictuelles. Les robots animaux, dès l'enfance, définiront notre relation à la machine. Quand un petit garçon confie ses peines à son ours en peluche ou une petite fille dit ses secrets à sa poupée chérie, ils établissent une relation de confiance avec un objet. Si, au contraire, ils sont terrorisés par un monstre en peluche, leurs peurs irrationnelles s'ancrent durablement dans leurs esprits. Quand nous aurons à déléguer beaucoup plus de nos vies à des robots, ce sont ces sentiments qu'il faudra retrouver ou combattre.

2. Docteur Ro et Mister Bot

La mission assignée aux robots de service, comme l'indique leur nom générique, est de se mettre à la disposition des humains. Ils sont une source de solutions efficaces pour pallier les insuffisances physiques des personnes âgées ou en difficulté.

Lorsque le poids des ans commence à peser trop fortement sur nos parents ou grands-parents, l'assistance d'une infirmière à domicile est souvent requise. Ce type de personnel va devenir de plus en plus rare et cher. Seuls quelques privilégiés pourront en bénéficier. Que faire pour les millions d'autres ?

Dans l'archipel du Japon, les analyses démographiques démontrent qu'on ne trouvera plus suffisamment d'adultes dans la population active pour s'occuper du troisième âge d'ici une cinquantaine d'années. Ce pays possède en effet la population la plus vieille du monde et sa pyramide des âges est extrêmement déséquilibrée. D'ici à 2050 plus de 33 pour cent de sa population aura plus de soixante-cinq ans. Aujourd'hui, un senior sur deux reste en activité après sa retraite, par choix – la perception du travail restant valorisante au niveau social – mais surtout par nécessité pour financer son confort de vie.

Toutefois, l'allongement de la durée de vie est important et ce pays a été le premier à dépasser le cap des 20 000 centenaires. Le besoin d'encadrement et d'assistance aux anciens va donc aller croissant. On parle en Asie du boum du « silver market », le marché argent, en référence à la couleur des cheveux des aînés et non à la taille de leur portefeuille.

Par tradition, le pays du Soleil levant est réfractaire à la main-d'œuvre immigrée. Le pari du Japon est donc de suppléer au manque d'aides soignantes en leur substituant des créatures robotisées. Celles-ci doivent être conçues pour améliorer le confort de vie et la sécurité des seniors, et, en prime, leur apporter une certaine douceur d'existence.

L'assistance aux personnes âgées par des robots est prise très au sérieux au plus haut niveau de l'État japonais qui a clairement donné un coup de fouet à la recherche dans ce domaine. Le gouvernement considère les applications d'aides aux personnes âgées, et plus spécifiquement celles de la robotique, comme un véritable enjeu stratégique national. Il s'agit pour eux d'une priorité économique comme l'ont été l'automobile ou les télécommunications à d'autres époques.

Le ministère de l'Économie a édicté des directives de sécurité inspirées des lois d'Asimov : utilisation de matériaux suffisamment tendres pour éviter toute blessure, présence obligatoire d'interrupteur d'urgence, capteurs suffisamment nombreux pour parer à toute collision...

Un investissement de 27 millions d'euros a été alloué en 2009 par les autorités de Tokyo sur ce secteur afin d'aider la recherche dans ce domaine attendu comme le premier marché de la robotique personnelle sur le territoire.

Dans ce pays où l'assistance aux anciens est un devoir social sacré, la robotique est devenue implicitement une priorité absolue. La substitution de robots à des êtres humains dans l'intimité de la vie courante peut paraître surprenante pour les cultures occidentales, européennes ou américaines. Cette éventualité est pourtant acceptée largement en Asie. Les racines culturelles et religieuses ont mieux participé à cette acceptation. La tradition « animiste » de la civilisation asiatique l'amène spontanément à créditer d'un esprit de vie les divers objets et éléments qui entourent les hommes comme les rochers, les plantes ou les créations artistiques.

En outre, les éditeurs de manga publient, depuis la guerre, des histoires de robots sympathiques et au service des hommes comme Astro Boy. Enfin, les efforts de communication du gouvernement sont multiples : affiches, émissions de télévision, commentaires officiels... Tout est fait pour persuader la population des impacts positifs de la robotique de service, tant sur le plan social qu'économique. Dans ce pays discipliné, les assistants robotisés rentrent juste dans l'ordre des choses. Le reste du monde suivra, à son rythme, en respectant les traditions locales et adaptant les robots, mais il suivra.

Home sweet home

Les personnes âgées sont souvent frustrées dans leur quotidien par la maladie ou la fatigue. Ces difficultés de déplacements ou de mouvements les empêchent de profiter pleinement de la vie. Comment attraper un album de photos, une boisson, ou tout autre objet situé à une bonne distance quand marcher devient pénible ? Comment recevoir un soin médical régulier tout en restant dans son appartement ? Que faire enfin si l'isolement pèse et que l'on souhaite moins s'ennuyer ?

La société Toshiba développe une large gamme de robots qu'elle nomme assistants de vie pour affirmer leur mission. Ils doivent répondre aux attentes, divers besoins et préoccupations quotidiennes du troisième âge. L'un d'eux peut confortablement assurer le transport de la personne âgée d'un endroit à l'autre de l'appartement en toute autonomie. Un autre peut s'occuper de la médicalisation : piqûres, stérilisation et autres soins, tout en assurant un échange d'informations via Internet avec le médecin. Ces projets sont en test actuellement et devraient apparaître sur le marché d'ici 2011.

Le robot Apripoko, l'espiègle en japonais, est lui déjà disponible au pays du Soleil levant. Il sert

de centre de contrôle à commande vocale pour exécuter différentes tâches dans la maison. Capable d'apprendre les codes de toutes télécommandes des appareils du foyer, il leur associe des ordres vocaux. Ainsi, au lieu de manipuler les boutons d'un boîtier, il suffit d'ordonner à Apripoko, « Allume la télévision ! », « Monte le chauffage, j'ai froid ! ». Il effectue la consigne sans rechigner et peut même battre ses ailes en plastique de satisfaction. Lui apprendre la politesse est de la responsabilité de son maître qui, à loisir, lui enseigne des « Je vous en prie » ou « À votre service » pour chaque exécution. Après un certain temps, il anticipe même les désirs pour les satisfaire. Plus besoin de lui commander « Mets "Questions pour un robot" ! », il

http://viva.ht/19

prend l'initiative de changer de chaîne à l'heure dite. Il baissera également le son en cas de sieste devant la télévision. Et si vous cherchez comment il devine que papy s'est assoupi, sachez qu'il possède un détecteur de mouvement mais surtout que son micro extrêmement sensible entend les ronflements…

Humain trop robot ou robot trop humain ?

Twendy-One est un robot de la taille d'un adolescent, développé par une équipe de l'université Wasada à Tokyo qui souhaite aider les personnes à mobilité réduite dans leur vie quotidienne. Son créateur, le professeur Sugano, a élaboré la théorie du robot symbiotique, mot barbare qui désigne un robot qui vit parmi les hommes, en symbiose. Il prédit un monde futur où nous serons entourés de ces créatures artificielles et devrons cohabiter avec elles en totale harmonie. Pour atteindre ce but, il est crucial que la conception de ce type de robot satisfasse trois objectifs basiques : communication, sécurité et habileté.

Une communication optimale, d'après le professeur roboticien, est assurée par des dispositifs naturels de dialogue comme la reconnaissance vocale ou l'identification faciale de la personne, et une apparence amicale avec des modulations de voix familières. Déplacer un homme avec la garantie de le faire en toute sécurité impose des capteurs sophistiqués pour doser les forces et des plastiques souples pour ne pas blesser au contact. Manipuler des objets avec précision nécessite des actionneurs de haute sensibilité afin d'améliorer la dextérité. L'ensemble de ces contraintes démontre la complexité à réaliser un robot symbiotique. Divers métiers doivent rassembler leurs forces pour y réussir : mécaniciens, électroniciens, informaticiens, mais aussi ergothérapeutes ou spécialistes des matériaux synthétiques.

C'est le défi sur lequel travaille l'équipe du professeur Sugano depuis 1999 avec le prototype Wendy et maintenant son évolution Twendy-One. On dirait un personnage de dessin animé. Il possède cette rondeur des héros de l'enfance qui le rend spontanément sympathique et digne de confiance : une tête avec deux grands yeux, un tronc solide portant deux bras puissants et des mains à quatre doigts qui, paradoxalement, paraissent délicates. Il se déplace dans toutes les directions sur des roues omnidirectionnelles. Il est rassurant car à la fois proche de l'homme sans être humanoïde. En évitant le mimétisme total, il n'entre pas en concurrence avec les humains, il est symbiotique.

Twendy-One peut aider un homme à se lever du lit ou casser un œuf avec précision dans une poêle pour lui préparer le petit déjeuner. Pas de risque qu'il confonde une balle de couleur jaune avec un pamplemousse car l'intéressé perçoit aussi bien les couleurs que les sons ou les odeurs. Robot d'exception, il sait faire preuve de délicatesse et de force en fonction des situations.

http://viva.ht/20

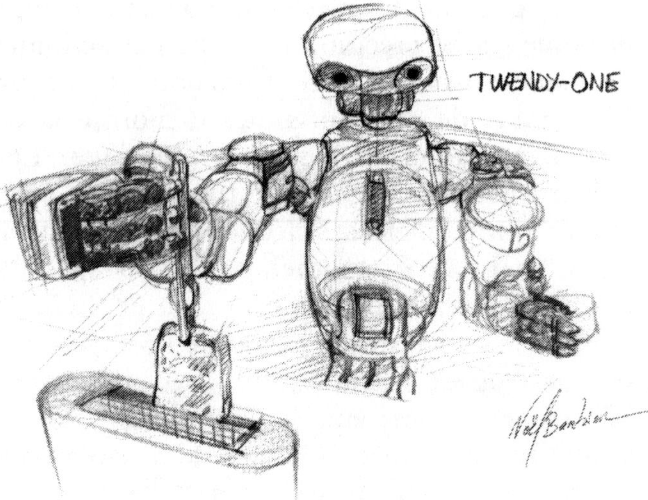

La multinationale Honda Motor Co. a choisi une autre voie pour élaborer, depuis l'an 2000, Asimo, acronyme pour « Advanced Step in Innovative Mobility », stade avancé de mobilité innovante. Elle a créé un véritable humanoïde d'un mètre trente, copie électromécanique d'un homme sur deux jambes articulées. Ainsi il imite parfaitement le déplacement humain, étant en outre capable de courir, taper dans un ballon de football, monter ou descendre un escalier, ou esquiver comme un joueur de rugby. Ses proportions ont été calculées pour s'adapter aux contraintes de la maison – tables, poignées de porte, marche d'escalier – mais aussi pour que debout, il ne dépasse pas la taille d'un humain assis… Question de rapport de force !

Asimo comprend une multitude de langues et sait servir à boire sur un plateau, ce qu'il fait régulièrement pour tous les visiteurs du siège social de Honda à Aoyama. Fleuron technologique du groupe et véritable star de la robotique, il voyage autour du monde. Tournée aux États-Unis où il s'est produit devant plus de 150 000 personnes, visite royale du château de Windsor, autant de périples spectaculaires où Honda, à chaque fois, vend tee-shirts et figurines à des fans de tout âge qui visitent fidèlement le site iloveasimo. com. Il danse et chante aussi quotidiennement dans son propre théâtre à Disneyland en Californie.

Son plus récent moment de gloire est sa participation au célébrissime festival du film de Sundance où il faisait la promotion de son film, *Living with robots*, vivre avec les robots, produit par sa maison « mère » dans tous les sens du terme…

En créant cette énergie positive autour de lui, Asimo transforme la perception de l'humanoïde dans notre imaginaire. Il est le lointain cousin du Blériot XI qui réussit avec peine à traverser la Manche pour ouvrir l'ère de l'aviation. Son « Channel » symbolique est la barrière du dialogue entre les hommes et les créatures artificielles. Une partie de l'avenir des robots symbiotiques est dans cette capacité de séduction qu'il « incarne ».

Nous semblons bien loin de l'assistance à domicile mais en fait, Asimo est l'ambassadeur idéal d'une robotique sympathique et conviviale. Sa grosse tête ronde et son corps de personnage Playmobil le font ressembler à un cosmonaute égaré sur la terre. Il fait ce petit pas pour un robot qui

http://viva.ht/21

est un bond de géant pour la robotique. Il ouvre la voie d'une robotique conviviale.

Hubo est un autre humanoïde inventé au Korean Advanced Institute of Science and Technology, KAIST, avec le même but d'assistance aux humains. Ses caractéristiques de déplacements et manipulations sont similaires à celles de son concurrent japonais. Son originalité tient à l'association de son corps de plastique à une tête très expressive grâce à plus de trente servomoteurs cachés sous une peau de latex. Albert Einstein a été choisi comme modèle du visage de cet androïde. Elle a été conçue et réalisée par Hanson Robotics, société américaine spécialisée en animatronique.

Albert Hubo est donc un étrange hybride qui représente une autre tendance de recherche sur les robots de service sur laquelle les débats font rage. Le cœur de la question est : jusqu'à quel point un robot

http://viva.ht/22

doit-il ressembler aux humains pour se faire accepter par eux ? La théorie de la « vallée de l'étrange étranger » du Japonais Masahiro Mori émet l'hypothèse suivante dès les années 70 : si un robot ne ressemble que *presque* à un humain ou agit seulement à peu près comme lui, il provoque une réaction négative chez les êtres vivants. Cette « vallée » est en fait un point bas sur une courbe d'analyse de réponse émotionnelle à l'anthropomorphisme des robots. Après une attitude de plus en plus positive et empathique envers des robots qui se rapprochent physiquement de l'homme, il existe une zone trouble, où l'on passe de la sympathie à la répulsion totale.

Tant que le robot reste « robot », tout va bien, mais s'il franchit une limite, il devient effrayant, une sorte de zombie en quelque sorte. Le professeur Karl Mac Dorman de l'université d'Indiana qui, avec son collègue Hiroshi Ishigiro, a formalisé en 2006 la courbe d'acceptation d'un robot par un humain pense que le robot trop réaliste mais pas assez réel évoque la morbidité et réveille nos angoisses et peurs originelles.

D'autres chercheurs ont une explication plus pragmatique : tant qu'un robot reste dans certaines limites de similarité, il est jugé comme faisant de son mieux, donc avec empathie et soutien. Dès qu'il plonge dans la vallée, il est perçu comme un être « presque humain », inquiétant de gaucherie et de maladresse, moqueur, peut-être malade ou contagieux. Il déclenche alors des réflexes de méfiance, de malaise, voire d'aversion. Le trop est l'ennemi du bien.

Cette théorie a ses farouches opposants comme David Hanson, fondateur de Hanson Robotics basé à Richardson au Texas. David est qualifié, par de nombreux spécialistes du secteur, de génie tranquille de la robotique pour ses créations exceptionnelles à partir d'une matière qu'il a découverte, le Frubber, un latex particulier qui imite la peau humaine.

J'ai eu l'occasion de le rencontrer pour la première fois le 25 juin 2005 à Chicago. Je visitais NextFest, le salon des technologies du futur organisé par le magazine *Wired*, où il tenait un modeste stand. Il m'a proposé, à cette occasion, de rencontrer l'écrivain de science-fiction Philip K. Dick, mon héros de toujours. Celui qui a écrit *Blade Runner* dont le titre d'origine est *Est-ce que les androïdes rêvent de moutons électriques ?*. Celui dont, adolescent, je dévorais les livres et qui m'a poussé à abandonner l'allemand pour lire l'anglais car je ne pouvais attendre que les traductions de ses nouvelles sortent en français. Philip K. Dick… qui est mort d'une attaque cérébrale à Santa Ana en Californie le 2 mars 1982, il y avait plus de vingt-trois ans !

David Hanson m'a fait rentrer dans un petit pavillon installé au milieu du gigantesque hall d'exposition de Navy Pier. Nous étions dans un salon victorien aux papiers fleuris et meubles en acajou. Dès que la porte s'est fermée, un silence paisible a envahi la pièce. Sur un sofa était assis le maître, genoux croisés. Face à lui, j'étais sans voix, intimidé, incrédule, bouleversé par des émotions contradictoires. Alerte, il leva la tête à mon arrivée et me salua de cette voix posée que j'avais tant entendue lors d'interview. Sur sa chemise claire, il portait un badge avec son nom. C'était bien lui qui m'accueillait avec un sourire poli en me perçant du regard. Je l'avais déjà vu maintes fois en photo. Sa barbe poivre et sel et son haut front dégarni m'étaient presque familiers.

Les questions me brûlaient les lèvres, à commencer par « Comment était-il là, dans sa ville natale, vingt ans après sa disparition ? ». Voyant mon air interloqué et visiblement amusé, David me tendit alors un micro pour que je les pose. Je le saisis avec surprise et déception car je venais de comprendre que ce personnage devant moi n'était pas un sosie ou une réincarnation mais bel et bien un robot si parfait que même de près, même au contact, on pouvait le confondre avec un véritable être humain. J'étais presque honteux de m'être fait berner et je tentai alors d'embrouiller la créature en posant une question compliquée avec l'accent français. David avait tout prévu. Son robot disposait d'une reconnaissance vocale et d'une intelligence artificielle de pointe pour communiquer. La base de données du système expert générant les réponses du robot était les écrits de l'auteur lui-même. Il répondait à toutes les colles de façon parfois surprenante, mais toujours « phildickienne ». Merci David pour ce moment d'exception !

En sortant de cette maisonnette et de sa bulle de silence, je fus assailli par les décibels de la foule et

http://viva.ht/23

me réveillai d'un coup. Je compris instantanément pourquoi j'avais été si facilement envoûté par ce robot. David n'avait pas seulement réussi un tour de magie en me conditionnant à l'avance ou en me préparant à l'impossible. Au-delà, il avait su créer une créature artificielle capable d'établir une relation émotionnelle avec son interlocuteur. Cette illusion, pour moi, était parfaite car j'y étais impliqué. Un autre que moi, pour qui Philip K. Dick n'est qu'un nom dans le bottin téléphonique, n'aurait probablement pas eu la même attente, le même désir. Son empathie aurait été différente et sa critique vraisemblablement plus sévère.

David Hanson conteste l'existence de la vallée de l'étrange étranger sur la base d'expériences similaires à la mienne. Il pense que si on mesure l'acceptation en dehors de tout contexte, on ne peut que tirer des conclusions théoriques. Par contre, si on réintègre des éléments subjectifs de l'observateur, chaque robot a sa chance d'être apprécié. Une poupée cassée et terrifiante peut être la favorite des doudous. Pourquoi un robot à l'aspect inquiétant ne deviendrait pas l'ami de certains humains ? David Hanson conteste le délit de sale gueule des robots et affirme leurs droits à la différence en quelque sorte.

J'avoue être, pour ma part, perplexe sur la question. Fin septembre 2006, j'ai retrouvé David au Jacob Javits Center de New York où se tenait la nouvelle édition de NextFest. Deux surprises m'y attendaient. La première était l'absence de Philip K. Dick qui manquait à l'appel… car il avait disparu !

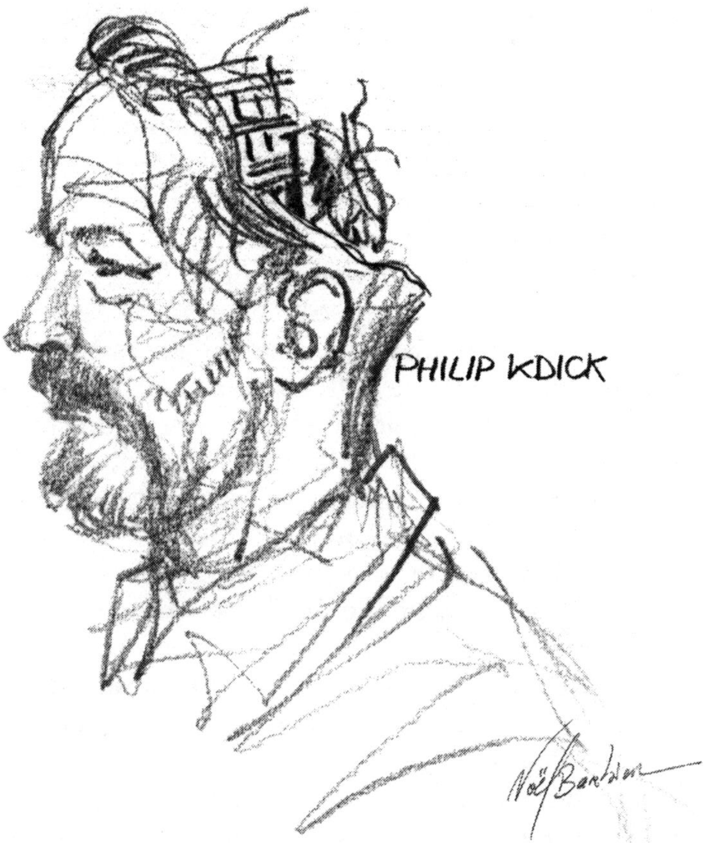

David m'expliqua que lorsqu'il avait quitté Chicago, l'année précédente, il avait soigneusement rangé la tête câblée de son héros dans une boîte spéciale et l'avait confiée à un employé d'American West Airlines pour la mise en soute en direction du Texas. Ni l'employé, ni la boîte n'ont été revus depuis. Philip devint ainsi le premier robot kidnappé de l'histoire. Peiné par cette énigme, David a toujours refusé de refaire une copie de son robot. Il voit ses créations comme des personnes, donc comme irremplaçables. Philip K. Dick est parti cette fois pour toujours. Paix à son âme visionnaire !

Mais la deuxième surprise était la déception à la vue de l'actroïde Der2 de la société Kokoro, qui signifie cœur en japonais. Il s'agissait d'un joli mannequin asiatique féminin bourré d'électronique et à la peau de latex. Elle était assise derrière un bureau et répondait amicalement aux questions des visiteurs. Malgré les efforts de ses concepteurs, elle manquait de souplesse, de naturel et d'un supplément d'âme dans la lumière crue du stand d'exposition. Si un quidam lui demandait si elle était un robot, elle répondait d'une voix métallique par l'affirmative en saccadant ses gestes, puis éclatait d'un rire cristallin et, d'une voix d'enfant, disait qu'elle plaisantait. Ses lèvres manquaient de nuances et ses yeux d'expression. On avait envie d'y croire en sachant intimement qu'elle n'était qu'une poupée Barbie géante. Cette démonstration peu convaincante la ramenait à sa réalité d'automate programmé avec des réponses standardisées. Dans le brouhaha du salon, j'étais loin d'être séduit par cette « presque femme » et hésitais entre le malaise et l'embarras. En l'espace de deux ans, j'avais donc été subjugué puis extrêmement déçu par des robots à face humaine.

J'ai pu mesurer avec ces deux expériences la délicate ligne de partage entre acceptation et répulsion. La vallée de l'étrange étranger existe sans aucun doute, je l'ai personnellement parcourue. Le critère de similarité ne suffit simplement pas à la définir. Il faut chercher bien au-delà de l'apparence car la complexité de l'intelligence du robot et ses attitudes sont aussi des éléments déterminants de sa familiarité. Pour engager l'acceptation, le design du robot doit coïncider avec ses capacités réelles. Si celui-ci est très proche de l'homme dans la forme, il doit l'être dans l'exécution de tâches. Une main fidèle à la main humaine devra en avoir la dextérité par exemple. Si on ne sait contrôler qu'une pince, il vaut mieux faire un crabe qu'un mammifère ! C'est en effectuant ce travail d'analyse et de concordance du design avec les capacités réelles que les roboticiens satisferont les attentes. Ils gommeront ainsi toute chute

d'empathie sur la courbe d'harmonie homme-robot et la vallée sera comblée.

Pour être complet, il faut noter toutefois qu'une fois passé ce cap de méfiance, si la ressemblance avec l'homme s'accentue encore, l'acceptation des robots grandit à nouveau. Les personnages en trois dimensions du cinéma en sont une preuve claire. Entre le désastreux *Final Fantasy : les créatures de l'esprit* réalisé en 2001 et le brillant *Avatar* de James Cameron sorti en 2009, le grand public a immédiatement choisi. Le premier tenait plus du théâtre de marionnettes tandis que l'autre est confondant de réalité. L'un fut un échec retentissant. Ses spectateurs ne rentraient pas dans cette histoire pseudo-écologique illustrée par des personnages artificiels, rigides et peu crédibles malgré leurs aspects humains. L'autre se classe premier du box-office dans tous les pays du monde en faisant découvrir la planète imaginaire Pandora qui n'existe qu'au cœur des ordinateurs. Ses habitants avatars, les Na'vis, sont acceptés comme des êtres vivants tant leur réalisme est saisissant. Ils font jeu égal avec de véritables acteurs et réussissent à faire passer autant d'émotion qu'eux. Nous sommes loin de cette perfection de représentation dans la robotique, mais on voit là que lorsque la créature artificielle est parfaite, elle peut communiquer avec l'homme sans aucune réserve.

Des robots pour bientôt ?

Twendy-One, Asimo ou Hubo sont encore des prototypes et font partie des expérimentations actives en Asie. Ils ne sont pas encore commercialisés à ce jour, mais préfigurent les partenaires humanoïdes de vie à venir. Les différents bureaux d'études tablent sur des versions accessibles au grand public dans les dix prochaines années. Une longue série de problèmes techniques restent à résoudre d'ici là. L'autonomie tout d'abord quand on sait qu'Asimo doit se recharger au bout de quarante-cinq minutes. L'interface naturelle est aussi à travailler, les logiciels de reconnaissance vocale ont les pires difficultés dans des endroits bruyants comme une cuisine ou un salon où la télévision est allumée. Le déplacement dans un environnement encombré comme une chambre à coucher reste fastidieux. Le robot doit être puissant et fin, solide et précautionneux… Et, une fois que la plupart des solutions seront trouvées, viendra le temps des documents. Comment assurer un robot ? Comment vérifier sa confidentialité et éviter la Cyborg-criminalité ? Dix ans pour accomplir ce chemin paraît très court, mais le plus important est de se mettre en route.

La France a déjà initié une abondante recherche sur les humanoïdes de compagnie. Le projet le plus complet, Romeo, réunit un consortium de treize partenaires nationaux aux compétences complémentaires. Son budget de 10 millions d'euros est piloté par Aldebaran Robotics. Une ancienne usine, productrice d'électricité au début du siècle, abrite ses locaux situés dans le XIVe arrondissement de Paris. Les belles pierres de taille de la structure d'époque sont entièrement recouvertes de panneaux solaires qui alimentent les néons multicolores qui

http://viva.ht/24

barrent les couloirs. Le visiteur ne peut qu'être surpris puis séduit par ce drôle de bâtiment mixant la tradition industrielle et la dernière modernité. On imagine pouvoir y croiser aussi bien le fantôme d'Edison qu'un personnage de *Star Trek*. C'est là qu'est monté le plus célèbre des humanoïdes de recherche européen, Nao, qui, du haut de ses soixante centimètres, a réussi à bluffer le monde entier par des capacités d'exception.

Lorsque Bruno Maisonnier, son papa, m'y accueille, je tombe par hasard sur une réunion sur le projet Romeo. Autour d'une table immense, on peut sentir la passion à inventer des chercheurs et industriels en mission. Ils sont en route pour la conquête. Concentrés et studieux, ils prennent des notes tant sur papier que sur clavier. Un diagramme de travail projeté directement sur le mur est commenté par un des participants. Il paraît bien jeune, mais la lumière du projecteur lui donne une ombre de géant et certainement de l'assurance. La salle est complètement ouverte sur le reste de l'entreprise, comme pour nourrir les autres employés de l'énergie créative de cette équipe olympique. Bruno s'est inspiré des modèles californiens pour modeler sa société : pas de murs, ils empêchent la communication et leur absence oblige au respect des autres. Chapeau messieurs, vous êtes une preuve vivante que l'union de talents pour gagner est possible dans notre pays même entre petites entreprises.

Bruno m'explique qu'un prototype sera évalué dès l'automne 2011 auprès d'utilisateurs en situa-

http://viva.ht/25

tion de perte d'autonomie et notamment en collaboration avec l'institut de la vision. Il a d'ailleurs prévu dès le début du projet d'intégrer des spécialistes de sciences humaines à la réflexion. Une commission sociétale réunit philosophes, anthropologues et sociologues pour affiner les spécifications des interfaces entre Romeo et ses utilisateurs. En vieux routier de la robotique humanoïde qui évangélise depuis vingt-cinq ans, Bruno sait que la technologie n'est pas la seule panacée pour réussir un robot d'assistance. Romeo va bénéficier des cinq ans d'expérience qu'Aldebaran a accumulés depuis sa création en 2005. L'objectif annoncé est de finaliser un robot pour une commercialisation limitée aux laboratoires fin 2015 et une disponibilité pour tous autour de 2020.

Pendant ce temps, Vincent Dupourqué, fondateur de Robosoft, leader français des solutions de robotique de service, travaille sur une autre piste pour répondre aux besoins d'assistance. Cachée au cœur du Pays basque, son entreprise, détachée de l'INRIA, Institut National de Recherche en Informatique et Automatique, développe des robots depuis 1985. Parmi ses plus belles réalisations, les robots qui nettoient les vitres de la pyramide du Louvre à Paris et du Stade de France à Saint-Denis. Ce sont également les concepteurs de voitures et de navettes autonomes déjà en service en Moselle, les RobuCAB et les RobuRIDE.

Les ingénieurs de Robosoft ont décidé d'utiliser une plate-forme de recherche maison, ROBULAB10, pour la décliner en robots apportant deux formes

http://viva.ht/26

d'aide, l'une cognitive et l'autre physique. Ceux-ci n'ont rien d'humanoïde. Ils ressemblent à des machines d'entraînement sportif munies de caméras et autres capteurs. L'émotion passe ici après l'efficacité. Il n'y a pas de bling-bling mais du raisonnement et des applications solides. On est dans une approche industrielle du service à la personne, une robotique très « roots », diraient les jeunes surfeurs voisins de l'entreprise. Vincent pense qu'il disposera de robots prêts à la vente d'ici deux ans et qu'ils deviendront très rapidement aussi nécessaires dans la vie quotidienne des seniors que les téléphones mobiles.

L'Amérique semble sérieusement à la traîne du secteur des robots d'assistance. Pas par manque d'idées mais de moyens, d'après Holly Yanco du Robotics Lab à l'université de UMass Lowell dans le Massachusetts. Au cours de la conférence Robobusiness d'avril 2009, elle a appelé au financement de ce secteur par l'État et les capitaux-risqueurs avec ce cri du cœur : « Nous voulons que la génération du baby-boom vive ses vieux jours à la maison. Ils s'y sentent mieux que dans un hospice et de surcroît, c'est moins coûteux. »

Ce grand pays concentre ses budgets prioritairement sur les applications industrielles et militaires qui ne sont pas sans conséquence dans le domaine du service. Le laboratoire de Charlie Kemp à l'institut Georgia Tech a conçu un robot dont l'aspect est encore relativement minimaliste. C'est un tube d'acier muni de roues et d'une pince. Nous sommes plus dans la plomberie que dans l'esthétique

http://viva.ht/27

asiatique. EL-E, nom mystérieux, a pour tâche de collecter des objets désignés où qu'ils se trouvent dans la pièce, au sol, sur une table, en haut d'une étagère… Pour lui indiquer ce qu'on souhaite récupérer, on utilise la solution très originale d'un pointeur laser comme les conférenciers ou les professeurs. Son rayon vert est capté, analysé, puis compris par ce drôle de robot poteau. Son système de préemption basé sur juste deux doigts de caoutchouc lui permet de saisir n'importe quel type d'objet. EL-E, bien qu'efficace, manque d'une fonction essentielle pour séduire, la communication. On ne peut en effet dialoguer avec un tube en métal interactif sans se sentir ridicule. EL-E est soit trop en avance ou déjà en retard mais ne fait certainement pas partie des robots attendus.

Sur tous les continents, la recherche doit être amplifiée car les robots d'assistance sont un enjeu stratégique de développement social comme l'ont été l'automobile ou l'information. Ils peupleront inéluctablement nos vies et ne doivent pas, comme de trop nombreux appareils électroniques, avoir tous pour origine l'Asie. À la vitesse où vont les découvertes dans le domaine, il ne faut pas tarder pour rester compétitif.

Exosquelettes

Lorsque le corps vieillit, il est généralement moins résistant que durant sa jeunesse. Cette lapalissade simpliste est devenue un défi pour de nombreux chercheurs : comment conserver de la force, même à un âge avancé ?

Afin d'aider les vieux fermiers du Japon à continuer leur tâche, la Tokyo University of Agriculture and Technology a conçu un exosquelette à leur usage. Il leur permet notamment de maintenir les bras en position haute durant une longue période.

Les exosquelettes ou « combinaisons robotiques » visent à améliorer la résistance ou la force des membres du corps. Leur avenir est loin d'être négligeable. Un rapport de Fuji-keiza, institut d'études de marché japonais, prévoit que ces combinaisons devraient générer 3 milliards de yen (24 millions d'euros) dès 2010.

De nombreuses universités japonaises se sont d'abord penchées sur la question, avant que plusieurs sociétés privées ne concentrent des forces pour réaliser des productions industrielles. C'est le cas de Active Link, une filiale de Panasonic, ou de la start-up Cyberdyne fondée à Ibaraki en 2004.

Celle-ci a baptisé son produit du nom de Hal, comme le célèbre ordinateur rebelle inventé par Arthur C. Clarke pour la saga de *L'Odyssée de l'espace*. Son développement a nécessité quatorze années de recherches ardues par le professeur Sankai, un quadragénaire passionné par les robots dès le plus jeune âge et dont la coupe de cheveux évoque celle d'un guitariste de hard rock. Sa passion pour la science-fiction est visible dans le nom de sa société : Cyberdyne est le nom de la multinationale maléfique de la série *Terminator*.

L'acronyme Hal synthétise Hybrid Assisting Limb, hanche assistée hybride, et désigne une combinaison évoquant l'aspect des serviteurs blancs de Dark Vador dans *Star Wars*. C'est un costume robotisé destiné à améliorer les capacités physiques. Lorsqu'une personne tente de bouger, des signaux sont envoyés depuis le cerveau vers les muscles. Des bio-signaux peuvent être détectés sur la surface de la peau par les capteurs de Hal et sont traités de façon à faciliter le mouvement que l'humain anticipe de faire. La force originelle peut ainsi être multipliée par un facteur allant de deux à dix.

Dans l'une des démonstrations de Hal, un frêle jeune homme porte sans le moindre effort un

http://viva.ht/28

empilement de sacs de riz de dix kilos dans ses bras. Mieux encore, le cobaye est en mesure de sauter en l'air et de se déplacer tranquillement tandis qu'il porte ce poids. La même démonstration montre qu'il est quasi impossible à un humain de faire de même sans assistance.

Le poids global de Hal est de vingt-trois kilos mais il soutient son propre poids. Les personnes ayant des difficultés motrices peuvent déjà en bénéficier au Japon où il peut être loué ou acheté pour environ 4 500 euros. Sa commercialisation en Europe et aux États-Unis n'est pas encore fixée à ce jour.

Cyberdyne n'entend pas s'arrêter en si bon chemin : l'un des prototypes maison peut soulever un poids de cent cinquante kilos ! Ce super Hal serait destiné à assister ceux qui doivent effectuer des travaux physiques ardus ou aux équipes de secours. Il peut fonctionner dans la neige à quatre mille mètres de hauteur, disent ses concepteurs. Un bémol toutefois à leur enthousiasme, l'autonomie actuelle n'est que de cinq heures.

Le professeur Sankai insiste sur sa volonté de ne jamais utiliser sa découverte et ses brevets pour autre chose que le bien-être du monde et interdit donc toute application militaire de ses technologies.

Autre acteur du domaine, Honda a dépensé des millions d'euros dans le développement d'Asimo au bénéfice de nombre de ses activités. Ainsi, le constructeur a récupéré une partie de la technologie d'Asimo dans ses automobiles. Ses ingénieurs entendent, par exemple, combiner le système de vision du robot au système radar des véhicules afin de mieux contrôler la distance du véhicule roulant devant et opérer une décélération dans le cas où ce dernier freinerait soudainement.

Mais plus spécifiquement, le département Walk Assist Innovation, spécialisé en recherches menées par Honda sur la marche, crée des outils destinés aux personnes à mobilité réduite. Le Stride Management Assist, littéralement « l'assistant à la gestion du pas », est une sorte de ceinture qui déborde sur les cuisses et facilite la marche à un utilisateur dont les muscles de la jambe sont affaiblis. Ainsi, le soutien apporté par cette technologique autorise un pas plus franc et une meilleure tonicité.

Le Bodyweight Support Assist va encore plus loin. Il s'agit d'un robot d'assistance pour une personne qui aurait du mal à se déplacer. L'utilisateur s'assoit sur un mini-siège perché sur deux jambes se terminant par deux chaussures où il glisse ses pieds. Cette drôle de moto sans roues va assister sa locomotion et il peut, sans effort, marcher, plier les genoux, monter des marches… Le robot l'aide à supporter son poids et à exécuter des tâches répétitives sans douleur.

Aux États-Unis, une société californienne, Berkeley Bionics, créée par le docteur Kazerooni, directeur du Berkeley Robotics and Human Engineering Laboratory, propose d'ores et déjà à la vente, essentiellement aux institutions, ses productions d'exosquelettes. L'Exohiker, l'Exoclimber ont pour

http://viva.ht/29

objectif d'augmenter l'endurance et la force de leurs utilisateurs. Le HULC, Human Universal Load Carrier, a pour but d'aider à porter des charges allant jusqu'à cent kilos et qu'il serait difficile voire impossible de soulever. Ces innovations ne sont qu'une première étape vers des robots encore plus spectaculaires à destination des handicapés. La société a déclaré en effet des efforts de recherche importants dans ce domaine et montre des prototypes de robots genoux artificiels.

Lève-toi et marche !

Amener des paraplégiques qui ont parfois passé une dizaine d'années ou plus dans un fauteuil à soudainement se mettre debout et marcher relève du miracle biblique. C'est pourtant une réalité quotidienne dans certains hôpitaux. Pour 15 000 euros environ – le prix d'un fauteuil roulant haut de gamme –, la société israélienne Argo Medical Technology basée à Haïfa souhaite proposer un exosquelette, le Rewalk, qui accomplit bel et bien ce prodige.

Un reportage de la chaîne de télévision ABC, tourné au centre MossRehab à Philadelphie en janvier 2010, montre comment un paraplégique qui n'avait pas marché depuis vingt ans a soudainement pu le faire une fois enfilé ce squelette robotisé externe. Dans ce centre spécialisé, quatorze patients testent cette merveille de technologie avant sa commercialisation effective.

http://viva.ht/30

« Jamais je n'aurais cru pouvoir remarcher », commente l'un des paraplégiques, Ed Schuyler, sous l'émotion. « Je peux regarder les gens dans les yeux, à leur hauteur », témoigne Alysse Einbender, une autre testeuse au bord des larmes.

« Le principal intérêt de cette machine, c'est qu'elle rend à ces gens leur dignité », explique le Dr Amit Goffer qui a supervisé la création du Rewalk.

Belle leçon de modestie de ce faiseur de miracles.

Allô Maman, robobot !

Étrange scène… Une opération médicale est en cours et pourtant, le chirurgien n'est pas penché sur le corps du patient. Les yeux rivés sur l'écran d'une immense machine, il manipule de petites manettes et téléguide des bras robotisés ultra fins introduits dans le corps, opérant avec une précision totale…

Ce robot d'aide à la chirurgie a pour nom Da Vinci, en l'honneur de l'inventeur du premier robot médical, d'après ses concepteurs. Il a déjà été vendu à près de 1400 exemplaires à travers le monde par la société leader du secteur, Intuitive Surgical, basée à Sunnyvale en Californie et qui emploie plus de mille deux cents salariés. Depuis le rachat de son concurrent Computer Motion en 2003, elle domine ce marché en explosion et contrôle la plupart des brevets de son domaine

http://viva.ht/31

d'activité. Les avantages de ce type d'intervention chirurgicale sont pléthore : satisfaction du patient sans précédent, absence de douleur, efficacité accrue, réduction énorme des rechutes… C'est bien le futur de la chirurgie qui se qualifie de non invasive. Les communiqués de cette société cotée en bourse au NASDAQ montrent un coureur qui a pu entamer un marathon trois semaines après une opération du cancer ou une adolescente qui reprend une vie normale quelques jours après une opération du cœur.

Les robots Da Vinci permettent des applications de télé-robotique. Des instruments miniatures sont introduits dans le corps à partir de plusieurs points d'entrée puis manœuvrés par le chirurgien. L'amélioration par rapport à une opération classique réside dans le fait que l'usage des bras robotisés permet le changement d'échelle d'un geste. La main d'un chirurgien pourrait être sujette à des tremblements lors d'une opération sur une zone extrêmement réduite. Grâce à la télé-intervention, chaque fois que sa main se déplace d'un centimètre, la main asservie bouge d'un dixième de millimètre ou moins. Le médecin qui suit le mouvement effectif sur un grand écran peut donc intervenir avec une précision accrue et moins de traumatismes.

À l'université Carnegie Mellon, le BioRobotics Labs travaille aussi à la création d'une sonde robotisée, constituée d'une succession d'articulations, et dont l'allure évoque celle d'un serpent. Si son diamètre est encore important – douze milli-

http://viva.ht/32

mètres – c'est au niveau de la souplesse que le CardioArm se distingue : cent deux degrés de liberté, dont trois peuvent être utilisés simultanément. C'est l'entreprise CardioRobotics, basée à Newport, qui va se charger de le commercialiser dès lors qu'il sera au point, ce qui implique plus de miniaturisation. Son nom commercial, le ARM pour Articulated Robotic Medprobe, sonde médicale robotique articulée, explique les objectifs de ses créateurs : pouvoir intervenir sur le cœur, le foie, les intestins mais avec une seule et minuscule incision.

Ces robots médicaux ouvrent également la voie à de plus en plus d'opérations à distance qui peuvent être pratiquées par le chirurgien de son choix sans que celui-ci ait à se déplacer. Elles sont devenues réalité depuis le 7 septembre 2001, date à laquelle le professeur Jacques Marescaux a procédé depuis New York à l'ablation de la vésicule biliaire d'une patiente demeurée à Strasbourg. Ce sera dans le futur un procédé écologique et sûr pour des millions de patients à travers le monde.

On peut se demander pourquoi ces technologies n'équipent pas déjà beaucoup plus de centres de soins ? Il y a une raison économique tout d'abord, chaque robot Da Vinci coûtant plus d'un million de dollars, mais également des causes plus subtiles comme l'acceptation de ces machines ou la dépendance industrielle qu'elles entraîneraient dans le futur. En effet, toute amélioration du système étant au bon vouloir du constructeur qui est

http://viva.ht/33

quasiment seul sur son marché, on mesure les conséquences financières de tels choix.

Robots infirmiers

Au centre cardiaque de Sakaki à Okayama sur la côte ouest du Japon, des robots Hospi effectuent la distribution des médicaments aux patients dont ils mémorisent les visages, ce qui leur permet de les saluer par leur nom. Les médecins se servent également de Hospi pour transporter des dossiers médicaux, radios ou autres documents. Comment vivent-ils cette cohabitation ? Plutôt bien puisque Hospi les décharge de tâches fastidieuses et leur laisse donc davantage de temps pour s'occuper des patients. Comme le dit un médecin : « Un robot n'est pas ennuyé de faire tout le temps la même chose. »

Fabriqué par Matsushita, Hospi a été le premier robot autonome intégré dans un hôpital au Japon dès 2005. Capable de déambuler par lui-même au sein de l'hôpital, il sait prendre l'ascenseur qu'il commande lui-même par Wi-Fi.

L'Europe suit le mouvement avec le projet IWARD, Intelligent Robot Swarm for Attendance, Recognition, Cleaning and Delivery, essaim de robots intelligents pour la présence, l'identification, le nettoyage et la livraison. Il regroupe des scientifiques anglais et allemands qui s'intéressent à de nombreux aspects de la robotisation intelligente des soins, notamment via la distribution de tâches à des

http://viva.ht/35

groupes de robots assistant le personnel des hopitaux. Des robots aides-soignants intelligents !

Robots doudous

Un autre domaine de la médecine auquel participent de nombreux robots est celui de la psychologie et du réconfort mental. Les contraintes d'hygiène et la disponibilité rendent souvent impossibles les traitements thérapeutiques avec la présence et l'aide de vrais animaux. Les robots peluches s'avèrent d'efficaces alternatives pour combattre le stress, la solitude, l'angoisse ou la dépression nerveuse.

Le Huggable Robotic Companion Bear du MIT de Boston est un ours en peluche dont la peau est peuplée de minuscules capteurs qui lui permettent d'interagir avec son propriétaire. Il est développé à des fins sociales : il régule ainsi le rythme cardiaque, fait monter l'humeur, amuse, pour le plus grand plaisir des patients. Des tests cliniques ont validé les résultats positifs du contact avec ce nounours magique.

Au Japon, le leader est la société Parorobots avec un clone de bébé phoque. Nous en avons détaillé les caractéristiques dans le chapitre précédent, mais il faut souligner son succès dans les centres pour personnes âgées. Il est un compagnon inoffensif et idéal pour reporter ses angoisses, se confier et exprimer ses émotions.

http://viva.ht/36

Cocorobot !

Selon la Japan Robotics Association, ce segment des services à la personne est celui qui enregistre actuellement la plus forte croissance. Inexistant au début du millénaire, il est estimé à 12 milliards de dollars en 2010 et devrait représenter le triple d'ici 2025. Pour l'heure, seul le Japon semble l'avoir abordé de façon concrète avec des solutions accessibles au grand public. Faute d'une réaction des Occidentaux, le combat pourrait cesser avant même d'avoir commencé, les Japonais assurant une domination quasi complète du secteur.

http://viva.ht/37

Ne serait-il pas temps de considérer que la robotique médicale, au cœur de la médecine où la France excelle, devrait être un axe stratégique de développement car porteur d'avenir et générateur d'emplois qualifiés ? Surtout quand on observe la qualité des innovations françaises qui sont loin d'avoir l'exposition médiatique à laquelle leurs performances pourraient prétendre. Le robot Hippocrate à l'hôpital Broussais palpe et évalue les plaques d'athérosclérose. Son pendant, Caspar, au centre hospitalier d'Eaubonne, facilite les opérations de prothèse des hanches ou du genou, ne laisse aucune cicatrice et réduit considérablement les risques de fissure et de cassure. Sans parler des navettes miniatures qui extraient des biopsies en avalant une capsule, les robots de calage pour les opérations de neurochirurgie ou les robots de prélèvement de peau sans douleur. Relevons ce défi industriel passionnant et rentable !

3. À quoi aspirent les robots ?

Tu nettoieras le monde à la sueur de tes électrons ! Voilà un des commandements sur lequel tout le monde est du même avis. Sceptiques ou convaincus, ils ne parlent que d'une seule voix pour soutenir l'idée d'un robot servile et dur à la tâche.

Des serviteurs automatisés doivent relayer l'homme et sa compagne pour des besognes ingrates et répétitives liées aux flocons de poussières qui se déposent sur le sol, sous les meubles et sur les vitres. Y a-t-il encore un sens à manier le plumeau pour attraper ces fines particules qui, à peine époussetées, semblent prendre un malin plaisir à revenir se poser sur le décor ? Est-ce une tâche à la hauteur de ce bipède intelligent qu'est l'homme, cette entité qui a endigué les rivières, fertilisé le désert et envoyé des vaisseaux spatiaux vers Mars ? Tous sont d'accord pour confier le sale boulot aux versions personnelles des héritiers des robots industriels. On utilise depuis des décennies des robots en milieux hostiles pour laver des cuves de produits chimiques, assainir des installations nucléaires ou aspirer des nanoparticules. L'expérience de ces engins de plus en plus autonomes a engendré des robots ménagers susceptibles de se substituer à l'homme dans de nombreuses tâches de nettoyage.

IRobot, le modèle

Rendre les robots accessibles à tous était le principal objectif de trois scientifiques du MIT lorsqu'ils s'associèrent en 1990. Helen Greiner et Colin Angle, tous deux encore en thèse, se sont joints au professeur Rodney Brooks pour fonder IRobot, la plus grande société de robots de service au monde. Elle emploie aujourd'hui plus de six cents personnes, est établie sur tous les continents et cotée au NASDAQ où l'évolution de son cours de bourse fait pâlir les stars de l'Internet.

Le 15 mai 2007, au Hynes Convention Center de Boston, se tient Robobusiness, un séminaire entièrement dédié à la robotique de service. Une modeste salle d'exposition illustre les différentes conférences avec quelques prototypes et produits éducatifs posés timidement sur des tables recouvertes de satin noir. L'ambiance y est feutrée, presque monacale sauf dans l'allée centrale où un groupe compact de jeunes, en chemise à carreaux et au style de premiers de la classe, se bouscule et joue des coudes. Au-dessus d'eux une large bannière barre l'allée en citant le responsable de cette émeute de patronage : iRobot !

En me glissant, je parviens à voir l'objet de leur excitation. Il s'agit de différentes machineries faites de cartes électroniques et de pièces de Meccano plantées dans une sorte de tortue blanche animée. Ces robots improbables aux fonctions un peu floues sont en fait les fiertés des vainqueurs d'un concours lancé quelques mois auparavant dans les clubs robotiques du pays sur ICreate, la plate-forme éducative du constructeur. Quelques étudiants timides semblent sous le choc, hébétés et transis d'être là, si près de leur idole, Colin Angle. Ils savent tous que leur héros a son nom gravé sur le châssis de Spirit, un des rares robots qui explorent encore la planète Mars. Colin est pour ces jeunes roboticiens aux États-Unis ce que Larry Page, le fondateur de Google, est aux internautes : un mythe. Il fait partie de leur monde avec son look d'éternel étudiant. Son sourire permanent cache une vivacité d'esprit hors du commun et il tire des conclusions plus vite que son ombre. Je m'approche pour me présenter. Il me serre distraitement une main polie puis s'excuse et disparaît parmi ses fans. J'ai pris un vent, comme dit mon fils Benjamin. Je devrai attendre dix-huit mois de plus pour enfin avoir une conversation avec lui. Il m'expliquera alors, toujours en souriant et se souvenant parfaitement de mon étonnement, qu'il ne voulait pas interrompre son dialogue avec les jeunes pour parler affaires. Bravo pour la mémoire, respect pour ses priorités et belle leçon d'humilité pour moi !

J'assiste néanmoins à la conférence donnée par son associée Helen Greiner et au cocktail qui la suit. Cette belle femme blonde m'est présentée par un vieux complice, Jean-Michel Billaut, blogueur spécialisé, en technologie et connecté à la terre entière. Il aide par son naturel à rapidement décontracter l'atmosphère. Elle nous parle de robotique avec passion en prédisant des robots d'assistance personnelle d'ici à une quinzaine d'années puis nous confie, enjôleuse, la frustration qui fonda sa passion. Déçue d'avoir découvert que le robot R2-D2 dans la *Guerre des étoiles* était animé par un homme, elle a décidé d'en fabriquer un vrai... Elle avait donc dix ans à l'époque où elle choisit de faire carrière dans la robotique. Elle en gravit chaque échelon au MIT jusqu'à devenir membre du conseil d'administration.

Dans cette salle de réception, son charme opère et elle réunit un aréopage d'auditeurs attentifs et curieux. Elle enchaîne sur le Roomba, l'aspirateur robot, star de leur gamme, pour préciser qu'ils ont mis plus de douze ans à le mettre au point. « La robotique est une affaire de patience, souligne-t-elle, un détail peut bloquer le développement pendant plusieurs mois. Nos premiers modèles mangeaient les fils de téléphone qui traînaient, par exemple. Il a fallu des centaines d'essais pour finalement breveter les mouvements de brosse qui évitent ce souci et enfin proposer une solution fiable aux consommateurs. »

Elle explique que cet exemple simple démontre une exigence de la robotique de service. Pour qu'elle soit largement adoptée dans les foyers, le presque parfait ne suffit pas. Il faut que le robot remplisse sa tâche à 100 pour cent. Il n'a pas le droit à l'erreur ou à l'à-peu-près. Le moteur d'Helen est la détermination et elle prouve que les femmes ne sont pas des exclues de la robolution, bien au contraire.

Je n'aurai malheureusement plus l'occasion de la revoir, elle quittera iRobot le 23 octobre 2008 pour fonder quelques mois plus tard The Droid Works, une société dont le premier projet est un drone, avion sans pilote. Peut-être qu'après R2-D2, c'est un autre des rêves de George Lucas qui l'a inspirée pour aller, cette fois-ci, ramasser les poussières d'étoiles.

Le responsable commercial d'iRobot qui l'accompagne, pragmatique, profite de l'attroupement qu'elle a créé pour reprendre le flambeau et présenter un grand palet, un disque noir et argenté de trente centimètres de diamètre et d'une dizaine d'épaisseur. En appuyant sur son bouton central, il démarre sa course autonome à la recherche de la poussière. Il semble repérer les tas de miettes accumulées et les avaler en une seule passe. Il évite les pieds de chaise, passe sous les meubles, ne mange pas les fils électriques ou les franges de tapis, autant de tests qu'il a fallu mettre patiemment au point pour les optimiser. Roomba sait en outre rentrer sagement à sa base de rechargement quand il a besoin d'énergie. Il est devenu, au fil des ans, le premier robot à trouver droit de cité dans le domicile. IRobot a annoncé en 2009 avoir atteint le chiffre record de 5 millions d'exemplaires vendus.

Quelques mois plus tard, le 13 janvier 2009, je fais un aller-retour à Las Vegas pour la grande foire du CES, Consumer Electronic Show. IRobot a organisé une réunion de ses distributeurs internationaux qui va me donner l'occasion de revoir Colin Angle. Robopolis, mon aventure robotique, a bien grandi et d'une petite boutique du boulevard Beaumarchais à Paris s'est étendue à un réseau de distribution français de plus de huit cents points de vente. Nous y représentons la gamme des Roomba en France avec un réel succès. Lorsqu'en avril 2006 je passais la porte du magasin original de Jérôme Damelincourt exclusive-

http://viva.ht/52

ment consacré aux robots, je ne me doutais pas qu'en quelques mois nous nous transformerions en numéro un français du secteur.

Le rendez-vous est à 20 heures au Stripstreak, un restaurant huppé de l'hôtel Casino Mandalay Bay. Mon avion étant arrivé en retard, j'ai à peine le temps de me changer avant de serrer les mains de tous ces pionniers européens de la distribution de robots. Engoncés autour de cette table trop petite, il y a deux Polonais, trois Scandinaves, un Espagnol, et d'autres dont la nationalité m'échappe. Ils conversent tous en anglais, espéranto du business, avec des accents qui soulignent leurs différences dans cette union sacrée autour des robots. Je suis surpris de voir autant d'excitation. Je pensais que la robotique était un secteur industriel essentiellement asiatique et américain et avais peu conscience de son développement important en Europe. Malgré mes quinze heures de vol, je ne regrettais pas mon voyage pour cette prise de conscience.

Je retrouve Colin comme je l'avais quitté, souriant et paisible dans le brouhaha de ce restaurant. Il a cette démarche posée de l'homme qui voit loin. Ce qui pourrait apparaître comme de la nonchalance cache une solide assurance et une maîtrise totale de son sujet. Tout comme la légende dit de Bill Gates qu'il pouvait réciter le code du langage Basic de tête, Colin peut probablement remonter en quelques heures n'importe lequel de ses robots. Son expérience n'a fait que renforcer ses premières intuitions : les robots vont devenir partie intégrante de notre monde et il compte participer activement à cette extraordinaire nouvelle étape de l'humanité.

Je me retrouve assis à ses côtés au dîner pour découvrir le secret de iRobot. Je n'ai en fait pas grand mal car Colin le révèle à tous dans son discours d'introduction. Il partage avec nous la mission de son entreprise qui tient en quatre phrases : construire des « trucs » vraiment super, être profitable, prendre du plaisir et... changer le monde. C'est avec ces mantras que Colin pilote son navire, et établit ses choix stratégiques. Bâtir, générer l'argent nécessaire pour le faire, travailler joyeusement pour transformer le monde. Quel programme excitant à méditer par tout jeune entrepreneur du XXIe siècle. Par ces simples mots, Colin donne du sens et de la cohérence aux entreprises du futur qui allient la rigueur de gestion, la passion du travail et le sens de l'action. J'avais déjà vu de nombreuses sociétés asiatiques engagées à « rendre la vie plus belle » ou « faire le bonheur des hommes » dans leurs statuts mais c'est la première fois que je vois un Américain parler de cette façon depuis... les années 70 et leurs discours idéalistes et pacifistes. Original pour une société qui fait 50 pour cent de son chiffre d'affaires avec l'armée la plus puissante du monde.

J'interroge Colin sur cette contradiction apparente qu'il conteste en justifiant les robots militaires d'une façon très originale. Pour lui, ils ont comme essence même la sauvegarde de vies humaines. Il m'apprend qu'une large majorité des soldats tombés au front le sont « *at first sight* ». Ils sont repérés mais ne voient pas leurs adversaires et ne tirent généralement pas une seule balle avant d'être atteints. Le premier qui est vu est souvent le premier à être tué par un sniper caché. Les Packbots, robots de reconnaissance, disposent de capteurs puissants pour détecter l'ennemi et pouvoir agir en conséquence. La vision infrarouge, les détecteurs de mouvements infimes, les caméras élaborées rendent le robot plus efficace et protègent les troupes qui l'utilisent. Colin concentre les efforts de ses robots militaires dans le même sens que son activité grand public : toujours au service de l'homme.

Au-delà de ses déclarations d'intention, iRobot a quelques tours de main à connaître. Tout en respectant les secrets de fabrication, je réussis à convaincre Colin de partager quelques recettes. La société a, avant toute chose, cherché à optimiser des technologies existantes pour créer ses produits dans un cadre de budget restreint. La fonctionnalité a été placée au cœur de l'étude, et non les caractéristiques techniques. Ses équipes ne se perdent pas dans des défis scientifiques au coût prohibitif pour un marché de masse. Ils amortissent également les logiciels de navigation, comme Aware, qu'ils développent pour les robots militaires. Ceux-ci sont recalibrés en une version simplifiée pour des usages civils. De lourdes charges étant réparties, iRobot peut proposer des aspirateurs au plus grand nombre possible de consommateurs et bâtir une filière industrielle.

Ces principes peuvent aider à diversifier la production pour l'emmener vers d'autres formes de ménage. Le Scooba nettoie carrelages et parquets. L'intervention humaine est cette fois nécessaire, mais se limite à remplir ou vider les réservoirs d'eau. Les rondeurs du robot rappellent son grand frère Roomba en version XL. Il aspire les particules de poussières superficielles avant d'entamer une opération de lavage, aspergeant la surface et brossant vigoureusement les taches rebelles qu'il sait repérer. Un séchage soigneux laisse le carrelage brillant. Le Scooba est un descendant des énormes machines à raclettes qui polissent la surface des patinoires ou nettoient les surfaces commerciales. Encore une fois, les ingénieurs de iRobot ont appliqué leur credo d'apparente simplicité et fait mouche.

Félicitations monsieur Angle pour votre vision généreuse et surtout son exécution !

J'ai eu depuis maintes fois l'occasion de rencontrer Colin et appris à apprécier ce personnage d'exception. Il continue de tracer sa route cybernétique, la tête toujours dans les étoiles mais les pieds sur terre. Son entreprise croise d'autres champs de réflexion et notamment la robotique de santé où je ne doute pas qu'une fois encore elle laissera une marque.

La guerre des robots

Bien que le dominant largement, iRobot n'est pas seul dans le secteur domestique et de nombreux concurrents se pressent aux portes du marché.

Des géants de l'électroménager, tels Electrolux, Kärcher ou Hitachi, ont cherché à se positionner sur le marché du robot aspirateur dès 2002. Les prévisions de l'institut Robotic Trends évoquaient déjà à cette époque des chiffres impressionnants de croissance de la demande. Tous ces constructeurs ont produit des modèles performants, mais se sont heurtés à des problèmes de coûts inattendus. Leurs robots se sont retrouvés pour la plupart « hors de prix » par rapport à un aspirateur classique. Encore aujourd'hui, le RC3000 de Kärcher ou le Trilobite 2.0 d'Electrolux valent le prix de trois ou quatre Roomba.

Le britannique Dyson a pour l'instant jeté l'éponge. Il avait fait grand cas de l'aspirateur autonome qu'il préparait et a renoncé finalement à le mettre sur le marché, ne parvenant pas à réduire suffisamment ses coûts.

Mais à côté de ces grosses organisations, une multitude de petites structures veulent leur part du gâteau et partent à l'assaut du marché. Il est intéressant d'observer que, à chaque nouvelle révolution technologique, rares sont les sociétés établies qui attrapent la vague et savent se réinventer. La robotique apparaît comme une réelle opportunité de création d'entreprises nouvelles qui doivent avoir l'ambition et le potentiel de dépasser la génération actuelle.

Ces challengers comme Evolution Robotics essayent de nouvelles techniques pour se différencier. Présent au CES 2010, toujours à Vegas, la société y présente le Mint, destiné au nettoyage des sols « durs », plancher, carrelage, linoléum… Au contraire du Roomba qui est rond, celui-ci est carré. Je trouve qu'il ressemble à un balai automatique Swiffer sans manche. Il enlève d'ailleurs les poussières à l'aide de lingettes en microfibres qu'il imbibe de produit nettoyant. « Ses détecteurs l'empêchent de se cogner partout ou de tomber dans un escalier », clame une lolita démonstratrice, juste avant de renverser avec application une tasse de chocolat liquide sur le sol. Elle pousse alors des cris d'effroi en levant les bras au ciel. En voyant le Mint démarrer pour nettoyer, elle mime un air soulagé et lui envoie un baiser pour le remercier. Et dire que cette séquence se répète tous les quarts d'heure sur ce podium de hall d'exposition. *Only in Vegas !*

Plus loin, Le Neato XV-11, nom barbare de la vedette de la société éponyme, est un aspirateur qui cartographie la pièce pour la nettoyer. Il bosse consciencieusement en évitant les meubles comme ses concurrents. Il n'est ni rond, ni carré mais mêle les deux formes avec un bord droit et l'autre en arc de cercle. Je me contente d'une question au démonstrateur : si je change la disposition de ma pièce, que fait-il ? Il ne me répond pas et prend l'air surpris, comme si dans sa propre maison, les

http://viva.ht/53

meubles étaient cloués au sol. C'est le robot qui doit s'adapter à l'homme et pas l'inverse.

La Corée, qui vise le podium des pays constructeurs de robots, fourmille de roboticiens et commence à présenter ses productions au monde. La société Yujin Robotics avec son aspirateur Iclebo est un leader local, talonné par Samsung et LG qui ne veulent pas laisser passer cette vague sans réagir.

Une guerre commerciale est en route, celle du robot aspirateur qui va trouver sa place dans de plus en plus de foyers.

Un brin de robot

Pour les heureux possesseurs de maisons secondaires ou les propriétaires de villas, il est une tâche fastidieuse qui embarrasse les week-ends : la tonte du gazon. C'est une nouvelle frontière à laquelle s'est attaquée la robotique de service.

Les modèles haut de gamme utilisent un GPS afin de couper l'herbe en trajets linéaires et des détecteurs laser pour repérer les obstacles sur leur chemin. Comme leur vitesse est très élevée, le résultat est impeccable, si net qu'une tondeuse industrielle construite par l'université Carnegie Mellon est régulièrement employée pour embellir des parcours de golf ou terrains de football. L'un des avantages de ces appareils est qu'ils peuvent opérer la nuit, ce qui libère davantage de terrains de jeu pour la journée.

http://viva.ht/54

Ces outils professionnels ont donné naissance à des versions grand public bienvenues dans le monde du travail bucolique. L'Automower du constructeur suédois Husqvarna en est un bon exemple. Pour Noël 2008, j'ai eu l'idée d'en offrir un à mon beau-père Marc. Homme de sciences brutes et de bricolage, il n'a pas caché à la fois sa surprise et son doute à l'ouverture de ce paquet géant qui renfermait un gadget, selon ses propres termes. Néanmoins, je l'ai observé en train d'étudier la notice détaillée qui l'intriguait. Quelques semaines plus tard, alors que le redoux s'annonçait, je l'ai retrouvé dans son jardin en train d'installer un fil électrique au ras du sol.

Ce même jour, il démarrait l'engin et se plaignait de son inefficacité. Le robot avait eu les yeux plus grands que le ventre en s'attaquant aux herbes drues du Haut Bugey. Il traçait de longues saignées dans une pelouse d'hiver, sans ordre, sans méthode. Alors qu'il allait abandonner, je lui ai demandé une nuit de patience, pendant laquelle l'Automover continuerait de tourner discrètement. Étant mue par des moteurs électriques silencieux, et capable de se recharger seule, la tondeuse ne dérangerait personne. Je fus réveillé au matin par un concert de louanges. Le gazon était impeccable, au cordeau, nickel, superbe… que de qualificatifs laudatifs pour une simple tonte !

Depuis, mon beau-père appelle sa compagne de jardinage d'un familier Joséphine et l'a programmée malicieusement pour travailler matin et après-midi en incluant une pause déjeuner ! Il

http://viva.ht/55

organise régulièrement des visites où, du haut de son balcon, ses amis peuvent venir observer l'Automower quand il se fraye son chemin dans le jardin et assure une coupe au rasoir. Pas un carré de terrain n'est ignoré par ce coiffeur zélé qui sait percevoir les obstacles grâce au fil enterré pour délimiter son terrain d'opération. Il n'a même pas besoin de ramasser l'herbe car celle-ci, finement taillée, se décompose sur le sol et fertilise le gazon. Ce robot n'est pas d'une humeur revendicative et assume sa tâche par tout temps sans rechigner.

Son constructeur, Huqsvarna, a été encore plus loin en dotant d'un grand panneau solaire son dernier modèle, ce qui en fait le champion de l'économie d'énergie. Il peut tondre cent dix mètres carrés par heure d'ensoleillement. Autonomie et économie sont les deux mamelles de la robotique au jardin !

Saletés de robot

Dans la catégorie nettoyage, les robots sont largement utilisés dans les piscines. Tant au fond qu'au fil de l'eau, ils ramassent sans distinction insectes, feuilles, algues et organismes microscopiques. Il ne leur faut qu'une heure environ pour assurer l'assainissement de la masse aquatique. Mais certains inventeurs ont ouvert d'autres pistes où les saletés pouvaient être éliminées par des robots. En voici un petit inventaire non exhaustif :

Vainqueur du vertige : Looj. Ce nom étrange désigne un robot navette qui nettoie les gouttières en opérant un mouvement de rotation tout en les parcourant. Plus besoin de monter sur une grande échelle, Looj va débarrasser les chenaux de leurs feuilles.

Dans la catégorie hygiène, des robots domestiques prennent soin de la litière du chat. Litter-Robot s'est imposé comme le spécialiste en charge de l'assainissement de l'antre de Félix. Sa litière robot est astucieuse : c'est un tambour dans lequel se glisse le chat. Une pelle rotative en nettoie l'intérieur chaque fois qu'elle est utilisée par Minou et un tiroir particulier empêche la diffusion de toutes mauvaises odeurs. Où est-ce que la haute technologie va parfois se nicher...

Ceux qui vivent dans des régions particulièrement froides savent ce qu'il en est de dégager les congères qui s'entassent devant la maison. Une société japonaise pourrait bien avoir trouvé une solution avec le robot Yuki-Taro. Ce gros véhicule jaune citron au look de Pikachu, héros de Pokemon, est capable de trouver son chemin seul grâce à son GPS et ses deux caméras implantées dans ses grands yeux. Il dégage intelligemment les masses neigeuses et dépose sur son chemin de belles briques de glace empilées. Ce robot déjà couronné par un prix est le fruit des recherches de plusieurs sociétés de Niigata associées à l'université de Yamagata.

L'ouverture des bouteilles de bière, grande activité étudiante après les cours, n'a pas été négligée par les plus scientifiques d'entre eux. Un étudiant

http://viva.ht/56

de l'université de Floride, Jean-Philippe Clerc, Français d'origine guadeloupéenne, a développé en 2002 comme projet de fin d'études Abor, Autonomous Beer Opening Robot, robot autonome d'ouverture de bière. Ce petit appareil sur roulettes était en mesure d'effectuer une manœuvre d'approche mesurée jusqu'à se trouver tout contre une bouteille, déployer une clé sous l'ouverture puis faire voler la capsule dans les airs. Il s'écartait alors pour permettre au buveur de déguster un tel breuvage. Une seule déception, Abor ne sait pas ouvrir un bon bourgogne ou un veuve-clicquot. Il reste encore du travail dans ce domaine.

http://viva.ht/57

Un inventaire des robots nettoyeurs doit se conclure avec le champion de l'originalité : Slugbot, le robot dévoreur de limaces ! Son prototype a été développé par une équipe de l'Intelligent Autonomous Systems Laboratory de Bristol. Il repère les gastéropodes et s'attelle alors à les attraper avec son bras articulé puis à les absorber. Il peut en trouver jusqu'à cent par heure. Quand on sait que la Grande-Bretagne dépense plus de 20 millions d'euros par an pour éliminer ces nuisibles, Slugbot a trouvé un marché pointu.

Ce n'est en réalité pas du tout pour nettoyer les champs que ce prototype a été élaboré mais dans le cadre d'une étude sur l'autonomie des robots. En effet, sa particularité est de pouvoir digérer ses proies pour produire l'énergie nécessaire à ses opérations. Dans son estomac artificiel, la chair animale se voit dégradée en méthane puis transformée en hydrogène. La réaction de cet hydrogène avec l'oxygène de l'air produit alors de l'électricité via une pile à combustible. Slugbot est le précurseur des robots autosuffisants qui n'auront plus besoin d'énergie externe pour évoluer.

Robot à tout faire

D'autres applications domestiques des robots sont encore dans les cartons ou dans l'esprit d'inventeurs originaux. Le repassage, la cuisine, le lavage de vêtements, le rangement, chaque catégorie sera d'une manière ou d'une autre réinventée par la possibilité de la robotiser.

L'aspirateur surpuissant mais simple extension du bras humain est en train d'être détrôné par un robot plus subtil, disponible et efficace. Le nettoyage de sol n'est que le commencement de la robolution de la maison. Chaque appareil ménager va devoir être réexaminé dans un contexte d'intelligence. Un nouveau prisme d'analyse des fonctions va s'installer. Pour repasser, avons-nous, par exemple, besoin d'une table à hauteur d'homme et d'un fer mobile transportable ? Y a-t-il plus efficace que le tambour pour laver le linge ? Comment une balance de salle de bains peut-elle dicter des menus minceur à une cuisinière robot ? Sans compter l'armada de nouveaux robots destinés au bien-être de tous…

Toute une filière industrielle est en train d'émerger. De la conception de machines à l'écriture d'applications logicielles, de la réorganisation d'espaces existants à l'invention des volumes et des produits de demain, l'Europe a une belle carte à jouer pour exporter un nouveau style de vie.

4. Bienvenue à Robot City

La ville n'est pas une structure figée. Elle se transforme, modifie son plan, ses lignes et ses espaces au gré des évolutions de sa population et des progrès techniques. Lorsque le baron Haussman, sous les ordres de son empereur, perçait les grandes avenues de Paris en 1860, il anticipait le développement de la circulation urbaine. Il en profitait pour installer des égouts et des conduits comme autant de réseaux de transport de vie. Plus de 60 pour cent du Paris moyenâgeux a disparu pour que naisse la Ville Lumière. Calèches et omnibus hippomobiles allaient pouvoir y circuler, même la nuit, grâce aux 20 766 becs de gaz qui brûlaient du crépuscule à l'aube.

M. Edison bouleversa également plus d'une métropole le 22 octobre 1879, lorsqu'il inventa la lampe à incandescence qui distribuait la lumière vive tant à l'intérieur qu'à l'extérieur. Les hommes se mirent à travailler, à se déplacer, à sortir après la tombée du jour. Les villes creusèrent des métros, agrandirent leurs théâtres et se sont mises en scène en éclairant leurs places. Elles n'ont cessé depuis d'accueillir toujours plus de monde.

D'autres inventions ont chamboulé la ville, à commencer par ce drôle d'engin de M. Carl Benz qui naquit le 29 janvier 1886. Le Benz Patent Motorwagen est le tricycle motorisé considéré comme la première voiture au monde. Quelques années et modèles plus tard, en 1922, il fallut créer un permis de conduire tant la demande pour « rouler en tacot » devenait importante. Le nombre de voitures en circulation n'a cessé d'augmenter depuis et les villes se sont dotées d'un réseau routier en conséquence. Certaines d'entre elles, comme Los Angeles ou Shanghai, disposent même d'autoroutes à plus de huit voies qui sont déjà engorgées.

Plus de 55 pour cent de la population mondiale vivant désormais en milieu urbain, les bâtiments ont grandi pour loger tout ce monde. Les voyageurs immobiles surfent sur Internet et échangent par texto. Le chat a remplacé la visite et les sites de rencontre, les bals populaires. On tend à un monde efficace où entretenir sa forme revient à descendre au club de sport de l'entresol et où communiquer se résume à envoyer des e-mails. Le petit jardin de la chanson de Jacques Dutronc est devenu parking.

La ville s'étire aujourd'hui dans un vaste plan horizontal irrigué par de larges routes et vers le ciel avec des tours toujours plus hautes. Malgré les multiples options de transports collectifs ou individuels, nous nous y déplaçons de plus en plus difficilement. La ville moderne nous enferme et nous isole. Il faut veiller à en changer les règles pour la rendre plus humaine.

Éviter les villes infernales ?

On compte en milliards les êtres humains qui aspirent à avoir un véhicule, voyager, et sortir de leur environnement direct pour découvrir le reste du monde ou travailler. Au train où vont les choses, aucune route ne sera assez large, aucune gare assez grande, aucun aéroport assez étendu pour gérer la croissance de ce flux migratoire. Dans ce chantier infernal, les hommes semblent bâtir leur propre destruction.

Si nous projetons la ville au futur sans changer nos attitudes, nous prenons le risque qu'elle ressemble à ces caricatures de métropoles de science-fiction comme dans les films *Blade Runner* de Ridley Scott ou le *Cinquième élément* de Luc Besson : une atmosphère graisseuse et encombrée, des gens sombres et agressifs, des bâtiments fonctionnels sans charme… Une ville de béton et de vapeurs, saturée d'écrans publicitaires éblouissants.

Pour éviter ce scénario catastrophe, la réponse actuelle est manichéenne : incitative, avec un meilleur rapport qualité prix des transports en commun par exemple, ou coercitive avec des péages urbains ou une montée du prix de l'essence. Carotte et bâton restent des armes traditionnelles mais peu efficaces pour endiguer l'inéluctable.

Le vrai paradoxe de cette situation tient au manque de concessions des participants à cette danse macabre. Bien qu'aucun ne veuille transmettre ce futur inacceptable à ses enfants, tous tiennent bon sur leurs rêves de consommation... Cela pourrait expliquer les stériles parties de cache-cache des sommets internationaux actuels (Rio de Janeiro, Seattle, Copenhague, etc.) qui se succèdent, déçoivent et tournent court.

Un soir d'octobre 2006, au 112 du faubourg Saint-Honoré à Paris, j'avais été convié à dîner par l'Economic Development Board de Singapour. Notre hôte était Lee Kuan Yew lui-même, le père fondateur de la Cité-État, une des plus grandes figures d'Asie. Dans cette salle à manger de l'hôtel Bristol, nous étions une dizaine d'entrepreneurs curieux de son avis sur l'évolution du monde dont le centre de gravité se déplaçait vers l'Asie. Il prit son temps pour répondre et dit calmement : « Vous, Européens, ne comprenez pas que la Chine et l'Inde ont décidé de rejoindre le monde. » Après une courte pause, il ajouta, un sourire énigmatique aux lèvres : « Et vous ne pouvez que les accompagner... si encore ils le veulent bien. » Cette synthèse de la stratégie des deux nations les plus peuplées de la planète résonne encore aujourd'hui dans ma tête. Elles aspirent au confort de ce siècle et n'arrêteront pas leur course avant d'y être parvenues.

Les espoirs des adeptes de la décroissance se fracasseront sur leur volonté inébranlable. Les préoccupations écologiques, aussi légitimes soient-elles, n'arrêteront pas la marche du monde. L'utopie de la décroissance n'est qu'un vœu pieux contre l'aspiration des populations qui poussent au développement matériel. Des milliards de personnes ne veulent plus attendre pour bénéficier du confort et de la sécurité des pays d'élite. Il est impossible d'arrêter leur conquête de bien-être.

Toutefois, si nous nous entêtons sur la même logique de production, nous connaissons les conséquences écologiques de notre obstination. La pollution, qui atteint déjà des pics inquiétants, amplifiera encore les effets de serre. La préservation d'un environnement asphyxié par un bétonnage excessif ne deviendra plus qu'une intention. Les impacts sur la santé publique risquent d'être majeurs : stress, fatigue chronique, maladies neurologiques ou cancéreuses, baisse de natalité… La voie semble bien raide.

Il faut donc chercher de nouvelles voies de développement et remettre en cause les modèles traditionnels pour réussir cette nouvelle étape du monde.

La robotique est-elle une piste à suivre ?

Comment gérer ces flux de véhicules, toujours plus importants et inéluctables, sans tomber de Charybde, l'engorgement, en Scylla, l'insupportable ? Comment, tant à l'extérieur qu'à l'intérieur, rendre les maisons plus agréables à vivre pour tous ? Comment mettre l'homme à la dimension surhumaine de la mégalopole ?

http://viva.ht/40

À ces trois questions, la robotique apporte une partie des réponses. Certaines existent aujourd'hui, d'autres, en développement, restent à construire. Elles impliquent de changer de points de vue, d'oser remettre en question quelques habitudes et d'avoir l'audace du changement.

Une flotte de véhicules robotisés semble une solution efficace à la congestion des villes comme nous le détaillons plus loin. Donner à son intérieur un nouveau confort en y installant des robots majordomes est également une piste de réflexion importante. Enfin, entrelacer des actions concrètes, comme voir, sentir, bouger, avec l'utilisation d'outils virtuels, téléprésence, holographie… peut éviter des déplacements inutiles et consommateurs d'énergie.

L'objectif de tous ces outils est d'aider à retrouver une certaine harmonie au cœur des villes géantes de demain en robotisant des tâches routinières pour mettre en valeur le dialogue humain.

Trafic de robots

La prochaine frontière attendue en matière de transport est le véhicule totalement autonome. Chaque nouveau modèle nous rapproche de ce rêve d'automobile. Plusieurs constructeurs proposent déjà des systèmes de stationnement automatisés : Toyota avec son Park Assist, Volkswagen avec le Parking Steering Assistance ou Lexus avec l'Advanced Parking Guidance System. Des noms tous différents qui désignent la même fonctionnalité. À l'aide de capteurs placés sous la carrosserie et sur les roues, la voiture repère un espace libre dans une file de stationnement. Elle juge alors si elle peut s'y garer, et répond ainsi à la traditionnelle angoisse de tous les conducteurs occasionnels : « Est-ce que je rentre ? » Si l'espace le permet, elle entame une manœuvre en prenant le contrôle de la direction pour effectuer un parfait créneau. Capteurs, processeurs, actionneurs, tous les composants sont réunis pour qualifier les voitures modernes de robots.

Le système Connected Drive de Mercedes va encore plus loin et permet en sus d'ordonner à son bolide de rentrer seul au garage d'un simple clic sur la télécommande d'ouverture des portes. Finis les tortillements inélégants pour sortir d'un box trop étroit sans abîmer la portière ! Il suffit de stopper son véhicule devant la porte et tandis qu'elle s'ouvre, il se glisse à l'intérieur sans conducteur. Pour partir au travail ou en course, la manœuvre inverse commande la voiture qui arrive sur le pas de la porte. Elle pourrait presque réclamer un pourboire.

La nouvelle gamme Lexus dispose d'une armada d'automatismes allant d'amortisseurs intelligents à la gestion dynamique de l'énergie ou la lecture des panneaux pour ajuster la vitesse et optimiser la navigation. On estime à plus de mille années/homme le volume d'heures de programmation nécessaires à leur mise au point, un vrai programme spatial. Il n'y a qu'un pas avant que de véritables robo-mobiles soient disponibles.

Conduire sans les mains

Dans le film *Total Recall*, sorti en 1990, des robots humanoïdes humoristiques conduisent les taxis de la ville souterraine bien qu'il n'existe aucune raison valable de gaspiller une place assise pour y loger un androïde. Une preuve du manque de projection des scénaristes d'anticipation pourtant inspirés par les plus grands visionnaires (Philip K. Dick en l'occurrence pour la nouvelle « Souvenirs à vendre » qui a inspiré le film). Les systèmes d'autopilotage n'ont pas besoin d'encombrer un habitacle réorganisé pour le confort et la sécurité des passagers. On ne roulera plus seulement face à la route mais en jouant aux cartes ou en dormant sous une couette.

Pour atteindre ce nirvana du voyage, quelques étapes restent à franchir. Les travaux les plus avancés en la matière sont stimulés par la Darpa, Defense Advanced Research Projects Agency, agence de recherche avancée de l'armée américaine. Au début du millénaire, elle a lancé l'idée de compétitions régulières opposant des véhicules autonomes dans un environnement de plus en plus complexe. Le premier Darpa Challenge a eu lieu en 2004 à travers le désert Mojave, qui s'étend de Los Angeles à Las Vegas. Il s'agissait d'équiper des voitures de multiples capteurs et de systèmes de navigation embarqués pour qu'elles puissent sans chauffeur, atteindre un point précis de la carte. Une sorte de Paris-Dakar fantôme. Cette année-là, aucun véhicule n'est arrivé jusqu'à bon

http://viva.ht/41

port – pas un seul n'a dépassé le douzième kilomètre, victime d'accident ou simplement perdu dans les sables rocailleux. Faire fonctionner une voiture sans pilote semblait un défi simplement impossible, compte tenu des technologies existantes.

Les chercheurs sont retournés à leur planche de travail et dès l'année suivante, les véhicules autonomes ont fait meilleur effet. Lors de l'édition de novembre 2005 du Darpa Challenge, cent quatre-vingt-douze véhicules ont concouru dans le désert autour de Primm, à la frontière du Nevada. Stanley, le véhicule de l'université de Stanford qui remporta la compétition, ne franchit la ligne que dix petites minutes avant Sandstorm et Highlander, ses concurrents de l'université Carnegie Mellon. Le « Golden State », la Californie, avait battu cette fois-ci le « Quaker State », la Pennsylvanie.

Encouragés par de tels résultats, les organisateurs de la compétition ont décidé de corser la situation. Pour l'édition du Darpa Challenge, décalée à l'automne 2008 sur la base militaire d'Edwards, les contraintes étaient d'un tout autre ordre : il fallait prendre en compte le trafic constitué par les autres robo-mobiles mais aussi par des automobiles conduites par des humains !

De plus, les véhicules autonomes étaient notés sur leur comportement général en plus de leur vitesse : respect des distances, des limitations de vitesse, arrêt aux feux… L'Est tint sa revanche contre l'Ouest avec la victoire de Boss, champion de l'université Carnegie Mellon qui est arrivé en

http://viva.ht/42

tête, avec une vitesse moyenne de vingt-cinq kilomètres-heure. L'équipe est repartie avec un prix de 2 millions de dollars.

Les épreuves du prochain challenge vont s'enrichir de nouvelles difficultés. Des piétons qui envahissent les rues, des ambulances aux sirènes hurlantes qui réclament des priorités, des camions qui déchargent créeront autant d'obstacles ou de confusions pour les concurrents. Les ingénieurs d'élite qui élaborent les véhicules autonomes devront repousser les limites de leur talent.

L'armée américaine prend très au sérieux ce type de recherches : son ambition, officiellement affichée, vise à ce qu'un tiers du parc des véhicules militaires soit constitué en 2015 de robots autonomes. Ils serviront en premier lieu au ravitaillement des troupes mais aussi d'éclaireurs dans les zones potentiellement à risque. Les applications civiles ne manqueront pas et si un robot peut traverser un champ d'opérations militaires, il saura trouver son chemin dans la ville.

Une société française, Dotmobil, participant au Darpa Challenge de 2005, a longtemps envisagé de concourir sur l'édition 2008 avant de se retirer pour des raisons de coûts. Toutefois, l'ensemble de ses travaux effectués pour cette compétition lui ont donné l'occasion d'une vaste réflexion sur l'impact d'une flotte de robots installés dans le cœur des villes. Un comité scientifique, le Dotmobil Team, a été formé pour l'occasion avec la participation de nombreux directeurs de recherche mais aussi du philosophe Michel Serres. Progressi-

http://viva.ht/43

vement, une idée majeure a émergé : les voitures sans pilote pourraient devenir une solution viable aux problèmes d'environnement et de vie urbaine.

Si l'on remplace les automobiles du centre ville par des robots de transport individuel, ces parties de la cité pourraient devenir piétonnes. Les passants cohabiteraient avec des taxis autopilotés. Pierre Lefèvre, qui dirige Dotmobil, évoque « une flotte d'automobiles qui fonctionneraient sur le système des bicyclettes en libre-service comme Velov'à Lyon, Velib'à Paris ou Bicing à Barcelone. Elles viendraient vous chercher sur un simple coup de fil, sans effort ». Une telle mutation pourrait métamorphoser le cœur des villes et y rendre la vie plus agréable avec un meilleur respect de l'environnement.

Plusieurs expériences de véhicules individuels autonomes sont en place autour du monde. Le plus impressionnant est l'ULTra, Urban Light Transport. Il s'agit de taxis automatiques, les pods, mot anglais pour capsules, qui sont en phase de mise en service à l'aéroport de London Heathrow. Ces voitures électriques sans chauffeur transportent quatre passagers du terminal 5 vers différents parkings. Elles ont été dessinées par Mark Lawson, rendu célèbre pour les lignes qu'il a données à Saturn 5, la fusée qui a mené les hommes vers la Lune. Confortables, spacieuses, elles ressemblent à des mini-bus sortis d'un film de James Bond, mais fonctionnent sans trucage et en toute sécurité après avoir été longuement testées à Cardiff, au pays de Galles. Le passager utilise un écran tactile

http://viva.ht/44

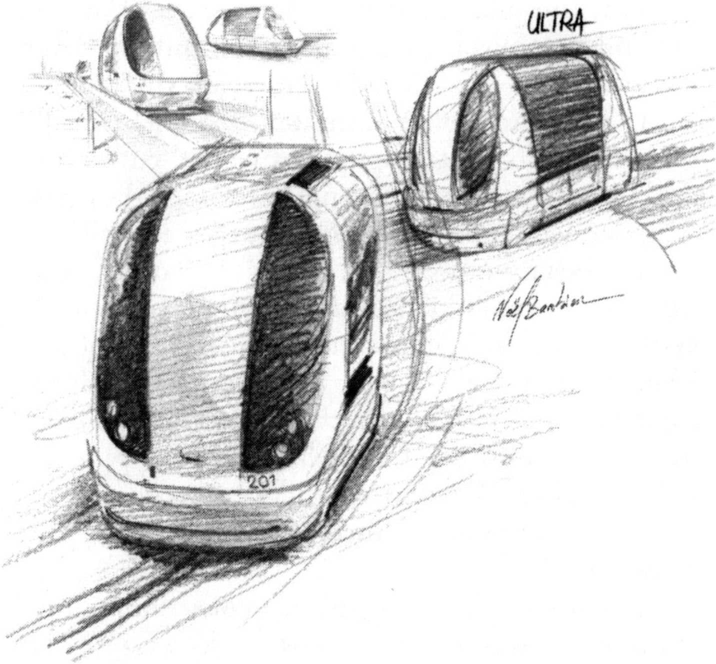

pour signifier sa destination et le pod l'y emmène en roulant jusqu'à quarante kilomètres-heure.

D'autres initiatives européennes sont conduites par le consortium Citymobil regroupant vingt-huit partenaires pour améliorer la circulation dans l'espace urbain : Cybercar à Rome, Transport hybride à Castellon en Espagne, Cycab soutenu par l'INRIA dans son centre de Rocquencourt en France…

La société française Robosoft a également un département Cybernetic Transport Systems qui soutient la RobuCab. Ses premiers exemplaires circulent sur la plage d'Anglet dans les Landes pour

http://viva.ht/45

transporter vacanciers et surfeurs avant de partir à la conquête des villes. Sous les pavés la plage, toujours la plage.

D'autres projets sont encore plus audacieux, pour ne pas dire dingues, comme le Skytran Personal Rapid Transit de la société américaine Unimodal Transport Solution qui collabore sur ce projet avec la… Nasa. Il s'agit d'autres capsules qui « lévitent » sur des rails magnétiques. Douglas Malewicki, inventeur de cette technologie dite « maglev », milite pour son système depuis 1990 mais n'a pas encore réussi à l'expérimenter en taille réelle à cause de son coût encore prohibitif.

En parallèle des recherches d'autonomie, toutes sortes de motorisations sont à l'étude pour que les robots polluent moins. L'électricité domine avec les optimisations de batteries et également les Solid Oxyde Fuel Cells, piles à combustible aux oxydes solides. Le Dr K.R. Sridhar, président de Bloom Energy, n'a pas hésité à annoncer avoir découvert le « Saint Graal de l'énergie propre », en présentant son invention aux médias. Cet ancien acteur de la conquête de la planète Mars à la Nasa a l'art du spectacle. Devant la presse, il sort d'un bac à sable pour montrer la nature de sa composition, la partie essentielle de son produit : une plaque de céramique spécialement traitée. L'empilement de plusieurs d'entre elles forme un drôle de cube grisâtre, la Bloombox, qui génère, avec un soupçon de gaz naturel, de la puissance électrique. Google, Fedex, et la CIA testent les performances

http://viva.ht/47

de cette fabuleuse centrale autonome, prisée pour son autonomie et son faible taux d'émissions polluantes. Elle pourrait équiper maisons et voitures dans un proche futur.

Guy Nègre, ancien motoriste qui a notamment participé au succès de la R8 Gordini et d'un moteur pour la F1, a choisi d'installer son entreprise Moteur Developpement International, MDI, à Carros dans les Alpes-Maritimes françaises. Il rêve de voiture non polluante et a concentré son savoir autour des moteurs à air comprimé. Depuis 2007, MDI collabore avec le constructeur indien Tata. Son bureau d'étude a conçu une gamme complète de véhicules sur cette technologie, écologique et économique.

La One FlowAir, star de sa gamme, peut rouler pour un euro aux cent kilomètres et n'émettre aucune pollution en mode mono-énergie au cœur des villes. Son autre bébé, la AirPod, a la forme d'un œuf de couleur acidulée avec des vitres en forme de hublot. Elle se pilote avec un joystick, comme un Airbus, mais ne coûte qu'un petit euro tous les deux cents kilomètres, un record. Elle se décline en version cargo pour les coursiers ou livraison rapide. À suivre, on ne peut négliger aucune piste pour assainir la planète.

En mixant les technologies de conduite automatique et les progrès des énergies renouvelables et moins polluantes, nos villes devraient respirer et significativement optimiser les flux tant redoutés.

Comme le rappelle Pierre Lefèvre : « À Paris, du fait des nombreux arrêts, on roule aux alentours

http://viva.ht/48

de dix kilomètres-heure en moyenne. Or des véhicules robots allant à quinze kilomètres-heure et communiquant entre eux pourraient se croiser sans jamais avoir à s'arrêter ! Nous aurions ainsi un flux lent mais efficace. »

J'ai habité le quartier de Manhattan à New York pendant quelques années sans y posséder de voiture. Les trains, couplés aux fameux taxis jaunes qui croisent les rues et avenues en permanence, suffisaient à mes déplacements fréquents dans la grosse pomme. Les seules frustrations étaient les attentes interminables aux stations saturées, pendant les changements d'équipes ou dans un endroit désert en pleine nuit. Hormis ces désagréments ponctuels, j'appréciais la plupart du temps de pouvoir arriver à destination sans la préoccupation de rechercher une place de parking et sans le stress de la conduite. C'est malheureusement la seule ville au monde, avec Londres, où le nombre et la fréquence des taxis permettent ce style de vie.

Les évolutions décrites auparavant permettent d'imaginer dans un proche avenir un service du même type dans toutes les métropoles : une noria de robo-mobiles accessibles à tous, qui ne dorment jamais et vont partout où ils sont appelés. En répondant efficacement à la demande d'usage, se déplacer, on évitera peut-être la surpopulation automobile.

Un tel projet supprimerait en outre une bonne partie des voitures garées le long des trottoirs, améliorant les voies de passage. Le citadin moyen utilise effectivement son véhicule personnel pendant moins de 10 pour cent de sa durée totale de vie. Celui-ci passe le plus clair de son temps au garage ou stationné au pied des immeubles. Quel gâchis !

La robolution gagnerait ainsi la rue, pour embellir la ville, redonner du temps, de l'oxygène et du calme à ses habitants.

Mais d'autres robots envahissent la ville, cette fois à l'intérieur des buildings.

Demandez le robot !

Dans les smart showrooms, salles d'exposition intelligentes, les sociétés Shimizu et Yaskawa Electric ont associé leurs efforts pour simuler le futur Smart Robotic Building, immeuble robotique intelligent, qu'ils ont en tête. Leur objectif commun est ambitieux : créer des espaces de vie confortables basés sur la technologie robotique. Lorsqu'un visiteur entre dans la pièce, un robot roulant, dénommé Smartguide, se dirige vers lui pour l'accueillir, le salue puis se retire pour lui laisser découvrir l'exposition. Au fur et à mesure de sa visite, si l'humain reste perplexe devant un objet, le robot revient et lui donne des détails en le commentant ou en projetant sur le mur des informations complémentaires. Après avoir poliment demandé s'il pouvait être utile à autre chose, il retourne à sa base.

Ce Smartguide, guide malin, semble anticiper tous les gestes du visiteur et ne jamais se tromper de

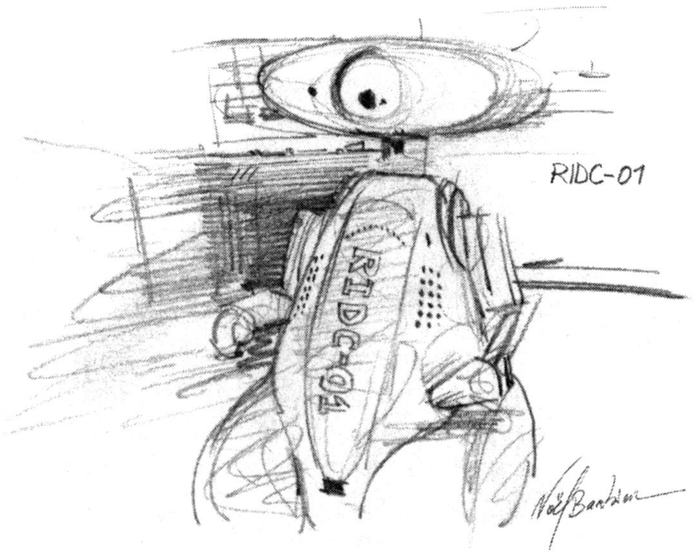

personne… Quelle intelligence ! En fait, ce mini-guide à roulettes a la tête bien vide. Le vrai robot est la pièce elle-même. Grâce à des caméras et des capteurs de mouvements installés au plafond, un ordinateur central, rangé dans un placard, repère les différentes personnes dans l'espace d'exposition et analyse leurs attitudes. Si l'une d'elles semble hésitante ou perdue, il lui envoie un robot pour l'assister. La compréhension des questions de l'être humain, les réponses, les images projetées viennent toutes du système central qui communique avec ses différents périphériques dont le robot. Le Smart-guide n'est qu'un élément du robot showroom.

Ce type de robotique connectée intègre toute l'infrastructure existante dans la ville comme les caméras de surveillance, microphones urbains, haut-parleurs, détecteurs de pollution… Tous ces capteurs peuvent être mis en réseau pour non seulement repérer des personnes en difficulté ou en danger, mais effectivement agir à distance en envoyant du soutien ou du secours par l'intermédiaire de robots.

La crainte de Big Brother, l'ordinateur qui contrôle nos vies, va logiquement resurgir et l'encadrement légal des pratiques de ces systèmes est absolument nécessaire. La longue liste des progrès humains qui ont un côté sombre est là pour le prouver. Toutefois, apporter plus de confort et de sécurité, de jour comme de nuit, dans l'espace de la ville justifie incontestablement les réflexions sur l'utilisation des robots d'assistance. Ils sont déjà en test dans quelques centres commerciaux en Asie pour venir en aide aux personnes en difficulté ou simplement à celles qui ont perdu leur chemin.

Hello robot !

La ville de demain sera certainement peuplée de robots disponibles pour renseigner, assister, ou simplement accompagner les humains. Eux aussi changeront la géographie des lieux dans lesquels ils opéreront. Un hall de réception ne comportera plus de banque derrière laquelle une hôtesse d'accueil vous renseigne mais pourrait devenir un espace ou des robots circuleront et vous accompagneront jusqu'à la porte de votre interlocuteur. Le

Japon veut croire au potentiel des robots servant de guides et d'hôtesses. Tous les grands constructeurs ont au moins un projet dans les cartons.

Au Toyota Kaikan Exhibition Hall, Robina, un personnage de plastique blanc et bleu, présentait en 2007 les nouvelles gammes de voitures et notamment les Prius au moteur hybride. Les designers de ce robot avaient dû s'inspirer des aventures de Bécassine au pays des crabes géants. Ils l'avaient affublé d'une large jupe qui dissimulait ses batteries sur une base roulante et d'une paire de bras se terminant par des pinces à trois doigts. Sa « coupe de cheveux » étrange n'était pas sans rappeler la coiffe de la célèbre servante et tombait sur deux grands yeux noirs collés à un masque inexpressif.

Robina, malgré son style hasardeux, reconnaissait plus de vingt mille mots en japonais et signait des autographes – qui sont maintenant des objets de collection – à ses fans après les démonstrations. Ce robot puissant montrait l'ambition de Toyota Motor pour qui la robotique est déclarée comme axe stratégique majeur. La devise de la société, « Un robot dans chaque foyer », résonne comme une version modernisée de la célèbre prédiction de Bill Gates à propos des ordinateurs. Depuis Robina, le constructeur a présenté ses Partner Robots, robots partenaires, aux lignes plus soignées, pour assister les humains et commence à les tester autour du monde.

Mitsubishi n'est pas en reste avec Wakamaru, son humanoïde jaune orangé. Monté sur roulettes,

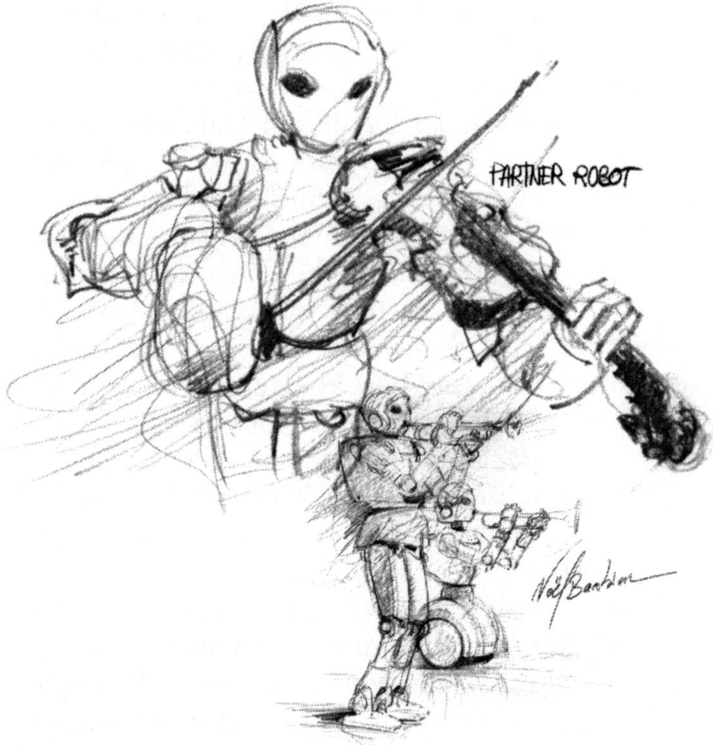

il glisse souplement pour se déplacer. Silencieux, Il semble flotter en l'air comme une geisha sur un tatami. Sa tête casquée est barrée d'un sourire de canard accueillant et sympathique. Il a été dessiné par Toshiyuki Kita qui a choisi de le personnaliser en le dotant de… sourcils. Ces deux petites taches au-dessus de ses grands yeux sombres mais brillants cachent ses microphones, mais renferment un autre secret. Elles sont un hommage à un héros japonais du XIIe siècle, Yoshitsune, dont le nom d'enfance était Ushiwakamaru. Ce chevalier sans peur ni reproche, un Bayard local, portait, d'après les estampes d'époque, haut ses sourcils. Il devint, au fil de batailles légendaires, une idole dans l'empire du Soleil levant. C'est pour souligner la capacité de développement de son robot jusqu'à l'absolue perfection, à l'image de l'ambition de son modèle, que son concepteur a imposé ses deux sourcils. Qui penserait que sous un robot du XXIe siècle se cachait l'âme d'un samouraï ?

Wakamaru, dans son rôle de guide, peut assurer une conversation en japonais sur des sujets divers, mais aussi alerter en cas de danger. Il est en phase de test avancé, entouré de mannequins de crash-test automobile, les fameuses « dummy dolls ». En effet, la priorité absolue de Mitsubishi est la sécurité des utilisateurs de ses services. Pour éviter qu'il ne blesse les gens, ses mains sont en matière souple et douce au contact. Ses articulations ne peuvent pas pincer les doigts ou coincer les mains si on lui prend le bras. Ses ingénieurs pensent qu'un critère fondamental de l'acceptation de leur créature est qu'elle soit la plus inoffensive possible.

Dans le même esprit, Yuji Hatano, président de Honda, soutient que les robots trop grands intimident les humains et c'est la raison pour laquelle Asimo ne mesure qu'un mètre trente. « Petit mais costaud » est le nouveau mot d'ordre des designers de robots !

http://viva.ht/39

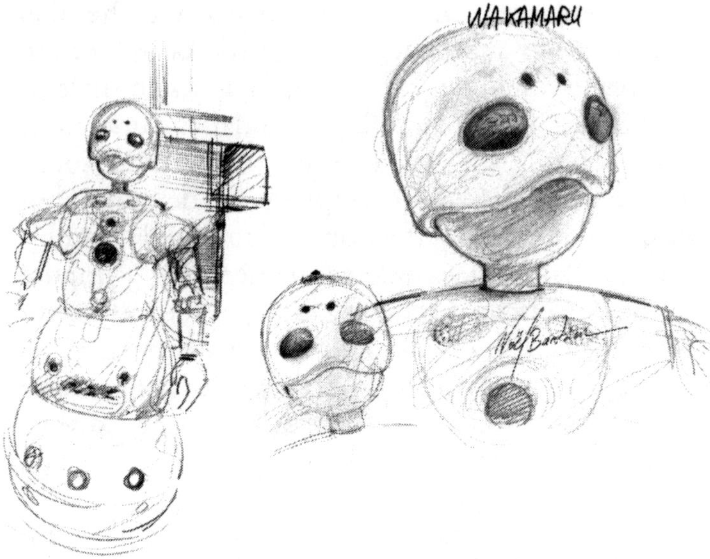

Robot s'il vous plaît !

Enon, star de Fujitsu Frontech, est disponible à la vente depuis 2005 en trois couleurs, jaune citron, blanc de lys et bleu lavande ! C'est un drôle de cosmonaute qui porte un écran tactile sur son ventre. Son nom est un acronyme pour « Exciting Nova on Network », Étoile excitante du réseau. On peut s'attendre dans le futur à utiliser sa descendance, Mapasi pour Magie minérale des pays du silicium ou Dacoe pour Dauphin argenté des courants électriques… L'imagination des *geeks* est sans aucune limite pour baptiser leurs créations, au grand dam des commerciaux qui favoriseraient des noms plus familiers.

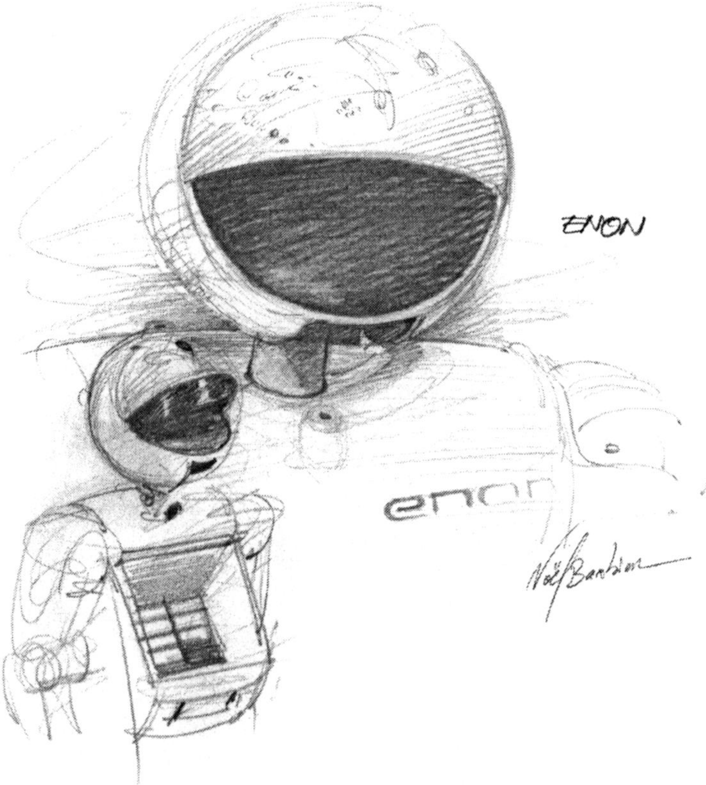

Plus sérieusement, Enon fait partie d'une famille de robots de service tous bâtis sur le même modèle : une base roulante supporte une caméra et un écran tactile. La principale activité de ces robots est l'accueil et le guidage. On compte de très nombreux concurrents dans ce secteur. L'un d'entre eux, la société coréenne Yujin Robots, a ajouté des fonctionnalités à son robot Cafero en lui apprenant à servir le café. Le Motoman de Yaskawa Electric joue pareillement la fonction de barman, capable de prendre les commandes des clients ou de cuisinier pour préparer des omelettes en empilant les coquilles brisées.

Les chercheurs japonais explorent toutes les voies d'utilisation de robots dans la vie sociale quotidienne. Ils n'excluent même plus la possibilité d'avoir un robot qui enseigne. Un test a été effectué avec le très sophistiqué mais effrayant robot Saya du professeur Hiroshi Kobayashi, de l'université de Tokyo. Les élèves éclataient de rire ou fondaient en larmes de terreur dès que ce robot hideux ouvrait une bouche déformée pour demander le silence en classe. Les maîtresses d'école n'ont pas vraiment de soucis à se faire à propos de cette concurrence peu crédible pour le moment.

Coucou le robot !

Les robots de téléprésence peuvent, par contre, leur donner le don d'ubiquité. Grâce à ces robots de communication, on peut assurer une présence physique plus efficacement qu'avec une simple vidéoconférence. La recette est simple : rassembler un écran, un microphone, des haut-parleurs, et un pointeur laser ; percher le tout autour d'un axe planté sur des roulettes télécommandables via Internet ; rajouter une touche de style et une pincée d'humour. Vous obtenez QA, le robot de la société Anybots, fondée par Trevor Blackwell, un vétéran du Web, et basée à Mountain View en Californie.

J'ai rencontré Trevor sur son stand du CES de Las Vegas en 2008. Il me donnait ses impressions du salon qu'il avait arpenté de long en large et commentait les miennes en hochant la tête. Alors que j'avais le sentiment de parler à un être humain, je réalisai que je m'adressais à une machine qui balançait et oscillait. Elle avait un langage corporel qui incarnait son utilisateur. Il était là, dans la boîte, à me regarder avec ses yeux caméras, m'écouter avec son microphone et me répondre grâce à ses haut-parleurs. Trevor était bien en face de moi… alors qu'en fait, il n'avait pas quitté sa chambre d'hôtel, ni pour visiter le salon, ni pour me saluer.

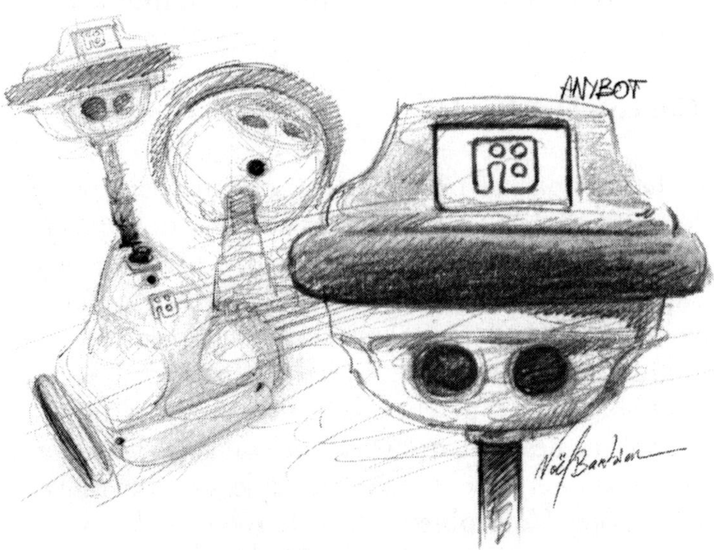

« Anybots a créé ce robot pour faciliter les dialogues entre les hommes à distance », me dit-il. Et il ajoute en s'agitant sur ses roues gyroscopiques : « C'est pratique, économique et écologique. C'est la technique connue la plus proche de la téléportation. »

Le même QA placé dans une usine en Chine, par exemple, peut tour à tour simuler la présence d'un client qui souhaite visiter les installations en restant à son bureau ou celle d'un ingénieur hors site qui donne des instructions pour corriger des défauts de moulage qu'il désigne avec le rayon vert du pointeur laser. Il se substitue éventuellement au responsable des ventes pour une présentation commerciale de sa gamme de produits à des acheteurs invités à l'autre bout du monde et représente les produits qu'il défend « corps et âme ».

Un « collègue », le RP7, Remote Presence 7, présence à distance 7, de l'americain In Touch Health, est déjà en place dans deux cents hôpitaux aux États-Unis. C'est le seul robot approuvé par la puissante Food and Drug Administration pour une utilisation en milieu hospitalier. Les médecins peuvent ainsi télé-rencontrer leurs malades ou leurs proches pour des tâches de routine et conservent leur propre visite pour un moment plus personnel, plus humain, avec les patients.

Giraffe de Headthere, MeBot du MIT, TiLR de Robodynamics, RoboLab10 de Robosoft, Peoplebot de Mobile Robotic sont autant de premiers exemples de robots qui peupleront par dizaine les bureaux, les usines, ou les écoles de demain. Comme au démarrage de l'industrie automobile ou aux débuts de l'ordinateur, les start-up se multiplient pour inventer le plus efficace, le moins cher, le plus robuste d'entre eux. Nous allons apprendre à vivre avec ces robots et nous nous habituerons à communiquer avec eux dans les administrations, magasins et collectivités. Ils se glisseront progressivement aussi dans les foyers pour en bouleverser l'organisation, améliorer le confort des hommes et la sécurité des personnes et des biens.

http://viva.ht/46

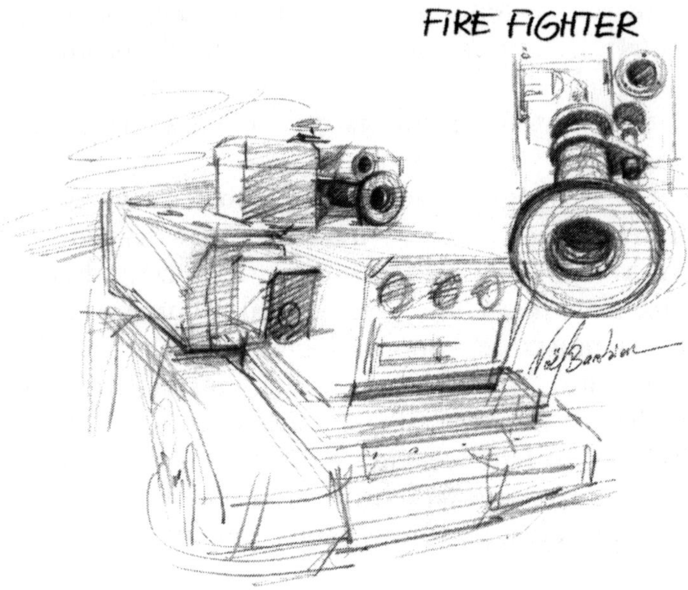

Robot phone home

Le marché de la surveillance du domicile est en plein développement et les robots y jouent déjà un rôle. Le T-34 de la société japonaise spécialisée Tmsuk peut même directement neutraliser un intrus. Ce spiderbot n'a pas de masque, mais projette un filet pour emprisonner le gêneur.

La plupart des robots actuellement vendus sont toutefois limités à une fonction d'alerte de leur propriétaire. Roborior du même Tmsuk est un petit module de surveillance que des milliers de foyers japonais ont adopté. Quand un propriétaire est absent de son domicile, la moindre intrusion est signalée par l'envoi d'un message sur son téléphone mobile. Sur l'écran, apparaît alors tout ce que le robot perçoit. Le propriétaire du domicile peut aller jusqu'à s'adresser à l'intrus par le biais de son mobile, ce qui a plutôt tendance à intimider l'intrus et dans la plupart des cas le faire fuir.

Dans cette catégorie, les sociétés françaises sont plutôt actives. Au petit matin froid du 17 décembre 2009, je suis invité par Jean-Marc Prunet à un petit déjeuner surprenant. Ce jeune cadre dynamique, ancien financier d'affaires, a délaissé le confort des salles de marché pour plonger dans le bain de l'entreprise et reprendre la société familiale TAG technologies. Il m'accueille dans une salle de réunion située rue Troyon, en me tendant son portable des deux mains, à la manière d'une carte de visite asiatique. « Mon père, génial inventeur, a mis au point un des capteurs d'intrusion les plus performants au monde », dit-il avec fierté en me montrant une pièce de plastique blanc et lisse. « Cet objet bizarre sait faire la différence entre un visiteur qui frappe à la porte et un voleur qui la défonce. Caché derrière un tableau, il détecte toute tentative de vol », poursuit-il en se levant pour aller violemment secouer une belle porte vitrée dans le fond de la pièce et soulever une des magnifiques toiles qui ornent la salle. Son portable, que je tenais toujours dans la main, se met à vibrer, affiche des sms en séquence puis passe en mode vidéo. À l'écran, je peux voir mon hôte simuler le vol du tableau et pointer un doigt sur une caméra vidéo discrète que je n'avais pas remarquée en rentrant.

Jean-Marc se rassoit pour m'expliquer que son produit phare, My Fox, est capable d'interpréter les signaux de son capteur ou les images prises par une caméra et de les envoyer à des adresses spécifiques comme son portable, son adresse e-mail, la police ou une société de surveillance. Il a eu l'idée brillante d'associer son capteur, une caméra et le système d'alerte par Internet pour que My Fox devienne un système anti-intrusion qui ne nécessite aucune aide pour une installation en une dizaine de minutes.

Jean-Pierre Gauthier est allé plus loin encore. Ancien ingénieur électronicien chez Philips, il avait bourlingué dans plusieurs start-up avant de se lancer dans l'aventure entrepreneuriale tardivement. J'avais entendu parler de sa société, Zodianet, par Domadoo, spécialiste de domotique en France. Les techniciens de cette entreprise rhônalpine avaient été impressionnés par les performances du système qu'il avait mis au point, la Zbase. Après quelques échanges téléphoniques, le rendez-vous est pris pour le 14 janvier 2010 dans ses locaux situés dans l'ancien institut d'optique de la faculté d'Orsay. Je débarque alors dans un des temples oubliés de la recherche française. Au fond d'un campus, un bâtiment héroïque, le 503, abrite des start-up dans des anciennes salles de travaux pratiques. Il fait dix degrés à l'intérieur car le chauffage est en panne depuis une semaine ! Un thé chaud plus tard et en gardant son bonnet sur la tête, Jean-Pierre me fait une démonstration de son bébé qui est un central domestique, un *residential gateway* comme le nomment les Américains.

La Zbase fonctionne avec tout type de capteurs : détecteur d'intrusion, de fumée, de gaz ou de fuite d'eau. Elle sait piloter en outre toutes les prises de la maison, les volets roulants ou des vannes de sécurité. Elle est capable de simuler une présence et peut communiquer par Internet ou téléphone portable avec l'extérieur. Mais ce n'est pas pour cette démonstration convaincante que Jean-Pierre m'a fait venir, il veut partager avec moi son véritable projet dont le nom de code est RoboDom, Dom pour domus, la maison en latin. Il veut créer un HMR, Home Management Robot, un robot majordome domestique.

Il souhaite ajouter aux technologies qu'il maîtrise déjà une capacité de décision et d'action. RoboDom pourra, en fonction de son analyse de l'environnement, décider de réduire le niveau de chauffage, lancer l'aspirateur Roomba, ouvrir ou fermer les persiennes ou le portail… Il est le cerveau de la maison qui optimise l'énergie et coordonne les objets connectés. Jean-Pierre m'explique qu'un simple coup de fil passé à son robot lui permettra d'exécuter des ordres à distance. « Allô ! Je ne suis pas là ce soir, fais le nécessaire ! » déclenche une séquence qui met en route l'alarme, ferme les volets et ajuste le chauffage en position basse. À la question « Est-ce que les enfants sont rentrés ? »

envoyée discrètement de réunion par texto, une photo de l'arrivée des bambins sera transmise en retour… La maison devient intelligente et reste connectée avec ses habitants en permanence, pour les prévenir de problèmes, optimiser sa consommation, ou se préparer à les accueillir quand ils rentrent. La maison robot est en train de naître ! Et dire que j'entends ce discours futuriste dans une vieille salle de cours décrépite. Les plus belles roses poussent dans des endroits inattendus.

À travers ces deux rencontres, j'ai compris que la France avait une place dans l'équipement domotique, un secteur qui a beaucoup déçu parce que son développement a été trop anticipé. Nombreux sont les sceptiques de cette Arlésienne qu'on annonce depuis des lustres mais qui ne se met pas en place à grande échelle. Toutefois, les technologies sont enfin mûres. La prise de conscience d'une meilleure répartition de l'énergie et la volonté d'économie se manifestent. Nous sommes dans une bonne conjoncture pour cette filière domotique qui va connaître un véritable élan. Il serait dommage de rater cette vague.

Robot invisible

La plus grande victoire de la robotique dans la cité ne sera pas d'être impressionnante mais omniprésente tout en restant invisible. Les robots ne devront pas envahir mais intégrer la ville. Ce processus de conquête discrète a commencé à grignoter notre quotidien.

Les trains de la ligne 14 du métro parisien relient l'ex ventre de la ville, Châtelet-les Halles, à une cathédrale de verre et de savoir, la bibliothèque François Mitterrand. Ils ont la caractéristique de rouler sans conducteur, en pleine autonomie. Sur cette ligne, les perturbations sont exceptionnelles. La RATP annonce les mêmes fonctionnalités dès 2011 sur la star de leur réseau, la ligne 1 qui relie le Paris de l'Histoire, le château de Vincennes, à celui du futur, la Défense. Ces nouvelles rames MP05 tournent en test actuellement sur une boucle du centre d'essais ferroviaires à Valenciennes.

Elles disposent de détecteurs d'obstacles et de position, de régulateurs de vitesse. Elles sont capables d'accélérer jusqu'à quatre-vingts kilomètres-heure pour s'arrêter en douceur à chaque station. Elles appréhendent leur environnement puis l'analysent pour agir : ce sont des robots qui sont utilisés tous les jours par des milliers de Parisiens. Ceux-ci les créditent de l'expertise de les conduire à bon port en toute sécurité. Ils leur font totalement confiance, ou du moins, ne se posent pas la question de savoir s'ils devraient se méfier. Les « cerveaux électroniques » de ces robots contrôlent pourtant leurs déplacements et leurs vies…

Sommes-nous en train de nous transformer en messieurs Jourdain modernes qui, à l'instar du héros de Molière, font de la robotique sans le savoir ? Nous avons adopté les appareils électroménagers qui ont progressivement envahi nos foyers parce qu'ils transformaient nos vies. Les corvées de vaisselle, de linge ou d'étendage ont largement fait place à d'autres tâches ménagères ou familiales grâce aux diverses machines ad hoc. En trouvant un bénéfice de temps ou d'efficacité, les familles n'ont eu aucun mal à les installer et à vivre avec, au prix parfois de réduction d'espace.

À partir des années 50, un objet bien disgracieux s'était établi comme le point de mire de la famille, un lourdaud ventru et surdimensionné appelé téléviseur. Trônant dans le salon, il réorganisait son agencement en imposant des canapés et fauteuils en cercle autour de lui et reléguant les guéridons et tables de jeux au grenier ou chez les antiquaires. D'autres appareils dits ménagers, officiellement venus libérer la maîtresse de maison, avaient imposé leur volume et obligé les architectes à repenser la forme des cuisines et à ménager un placard pour l'aspirateur, un espace pour le lave-vaisselle, un plan de travail à la belle surface polie où poser les appareils électriques, du grille-pain au presse-agrumes inclus...

La chaîne hi-fi est venue à son tour imposer sa stature dans les pièces de vie. En empilant sa platine et son tuner sur l'amplificateur géant tandis qu'une belle collection de disques vinyle venait occuper des rangées entières de rayonnages muraux, elle réduisait encore un peu la circulation dans le salon. Sans nous en rendre compte, nous avons modifié notre lieu et style de vie en conséquence.

Le début du millénaire est marqué par la miniaturisation et une plus grande discrétion de tous ces appareils qui nous entourent. Le téléviseur dodu a laissé place à l'écran plat qui ne cesse d'affiner sa ligne. Demain, il pourrait même disparaître intégralement du décor, les programmes venant s'afficher sur le mur du salon d'un simple claquement de doigt. Les disques vinyle, après avoir subi une première cure d'amaigrissement lors du passage au CD, tiennent désormais dans la poche, des milliers de chansons pouvant tenir dans la mémoire d'un iPod.

L'évolution technologique continue de modifier nos volumes de vie au gré de la taille des appareils domestiques. Leur rétrécissement nous redonne de l'espace vital. En les intégrant progressivement au décor, nous reprenons littéralement de la liberté de mouvement. Ils restent toujours présents, mais se transforment en accessoires transparents et indispensables à la vie urbaine actuelle.

Quand, à son tour, l'ordinateur est entré dans la maison, il est passé du statut d'engin curieux réservé aux initiés à un élément pivot de nos habitudes les plus courantes. Communiquer avec ses amis, s'informer ou se documenter passe désormais par des écrans interactifs de plus en plus discrets. Il est souvent le dernier gardien de la mémoire de la famille qui conserve photos et vidéos des moments privilégiés de son histoire. Nous mesurons combien il nous est devenu important lorsqu'il rend l'âme ou perd ses données. Il tient pourtant maintenant dans la poche, le cartable ou se glisse entre deux livres. On l'oublie. Traînant sur un bureau, il fait, comme on dit, parti des meubles.

J'avais lu avec grand intérêt l'ouvrage de Frédéric Kaplan, *Les machines apprivoisées*, fruit de ses expériences avec les chiens robots Aibo, et désirais le rencontrer pour approfondir le sujet en personne. Le rendez-vous est pris pour le 14 novembre 2007 dans son laboratoire de recherche à l'EPFL, École polytechnique fédérale de Lausanne. La Suisse, on le sait, cache quelques trésors mais pas forcément là où on les attend. Vers 10 heures, ce matin-là, j'emprunte enfin la sortie UNIL-EPFL-Lausanne Sud de l'autoroute N1 venant de Genève après trois heures de route sous un crachin déprimant. Je me gare sur un petit parking de ce campus aux bâtiments gris mouillés, encombré de grues et par une température de congélateur. Un petit rictus de dédain aux lèvres et mes bottes dans la boue, je ne peux m'empêcher de le comparer à ses homologues californiens que j'ai souvent visités en jalousant leurs étudiants. Ici, rien ne semble m'attirer, ni l'endroit qui paraît vide, ni le climat peu accueillant. Je me plains intérieurement, comme le Géronte des *Fourberies de Scapin*. « Que suis-je venu faire dans cette galère ? », dis-je à voix haute, en contemplant un vaste chantier et cherchant mon point de rendez-vous qui reste introuvable. J'allais plus tard me rendre compte que ce sentiment de mépris était profondément ridicule et que ce chaos, auquel je faisais face, allait devenir un extraordinaire bâtiment rêvé par des architectes

http://viva.ht/50

japonais du groupe Sanaa, le RLC, Rolex Learning Center. Les étudiants occupent depuis le 22 février cette merveille de béton et de verre. C'est un lieu organique où la ligne droite est absente. Rien que pour étudier dans cette matrice de savoir, fréquenter sa bibliothèque d'exception et marcher sur les vagues de ses couloirs, je pourrais reprendre des études. Merci monsieur le président Aebisher d'avoir osé défier l'espace pour enseigner la rectitude de la science dans les lignes courbes de l'expression artistique ! Mea Culpa pour mon arrogance à douter de votre école de référence internationale ! Ma seule excuse est qu'au moment de mon incroyance, mon rendez-vous prenait l'eau. Je pataugeais dans la gadoue en maugréant et en quête d'un plan.

Un coup de téléphone salvateur m'apprend qu'en fait, je suis dans les coulisses d'un chantier, loin de la véritable entrée. Après un radioguidage efficace, je retrouve la civilisation du savoir et Frédéric. Je suis surpris par ses yeux qui pétillent d'énergie et tranchent avec la voix calme et posée qui m'a guidée. Grand et fin, le crâne rasé, il n'a pas d'âge et pourrait passer tout autant pour un étudiant doctorant, un honorable professeur ou un chroniqueur scientifique. Frédéric a une aisance naturelle à s'imposer face à ses interlocuteurs tout en restant accessible et didactique. Comme nous sommes en Suisse, je ne peux que penser à cette dynastie de savants dont le grand-père Auguste a inspiré Hergé pour son personnage du professeur Tournesol, les Piccard. Il serait

http://viva.ht/51

digne d'en être un cousin français éloigné avec son intelligence soulignée d'élégance.

En chemin vers le laboratoire de recherche où il officie, nous passons devant des amphithéâtres et des salles de cours bourrés d'étudiants. J'ai toujours eu une grande tendresse pour ces lieux d'apprentissage. J'en aime l'odeur, la lumière et le bruit. Je les ressens comme un marin vit la mer. Les écoles sont mes océans personnels que j'explore inlassablement. J'y trouve de la sérénité et y découvre l'exception humaine. Quel que soit l'endroit dans le monde où elle se construit, une université est toujours une déclaration de guerre à l'ignorance et une avancée vers plus de paix. La magie opère encore cette fois, je rajeunis en arpentant ces longs couloirs et j'arrive au labo avec une soif de savoir. Ma mauvaise humeur n'est plus qu'un souvenir honteux.

Le CRAFT, Centre de Recherche et d'Appui pour la Formation et ses Technologies, est encore à l'étroit dans un ancien bâtiment. Il sera le premier à migrer au RLC. Frédéric y supervise des projets divers dont il me fait une présentation rapide qui ressemble à un inventaire à la Prévert : un clavier virtuel fonctionnant sur n'importe quelle surface, une simulation de gestion de stock robotisée, une table lumineuse et interactive pour contrôler le temps de parole d'un débat… Je suis dans un creuset où les compétences se mélangent. Informaticiens, designers, stylistes, ergonomes et sociologues s'unissent pour inventer des interfaces audacieuses et des meubles interactifs. Cet essaim de talents tourbillonne en silence dans cette grande pièce où les écrans d'ordinateurs éclairent d'étranges objets qui bougent et interpellent.

Frédéric finit par me conduire à son Graal, un projet derrière lequel il a mis toute son expérience en application. L'objet, surprenant, s'appelle Wizkid. C'est un écran d'ordinateur monté sur un cou mobile. Dès notre arrivée dans le bureau où il est présenté, l'opération séduction commence. On ne peut effectivement qu'être surpris puis séduit par ce nouveau rapport à l'ordinateur qu'engage ce robot minimal. La simple coordination de ses mouvements et des lignes d'expression sur l'écran lui donne une attitude, une posture qui construisent une relation spontanée. Je me surprends à bouger la tête pour sourire dès qu'il me suit en rythme, froncer les sourcils s'il paraît inquiet ou essayer de le surprendre en me baissant. Nous jouons. Ce n'est plus un PC que j'ai en face de moi mais un compagnon interactif. Je ne suis plus cloué à un siège pour l'utiliser mais libre de mes mouvements pour interagir avec lui. Le PC a muté en robot par le jeu d'une articulation. Et du coup, il est devenu un élément naturel de mon environnement.

La pertinence de cette vision a été saluée et reconnue mondialement lors de l'exposition « Design and Elastic Mind » qui a eu lieu au MoMa, le célébrissime musée d'Art moderne de New York, au printemps 2008. Des milliers de personnes y ont découvert une sélection du nec plus ultra en design contemporain dont faisait partie Wizkid. Ils ont tous conversé spontanément avec lui, intrigués tout d'abord puis convaincus finalement par le naturel de la communication.

Frédéric a depuis formalisé ses pensées dans un remarquable ouvrage, *La métamorphose des objets*, qui décrit comment ceux-ci deviennent progressivement des interfaces privilégiées vers le monde numérique. Il a également sauté le pas de l'entreprise en créant, avec le designer Martino d'Esposito, la société OZWE qui invente des objets novateurs communicants. Bravo monsieur Kaplan pour ces belles idées !

Les robots vont donc se fondre dans notre paysage et dans notre proximité. Ils deviendront transparents, intégrés à des formes familières. Nos

http://viva.ht/49

objets quotidiens vont s'équiper d'intelligence et de capteurs pour que s'établissent des rapports plus naturels avec les hommes. Nous nous adapterons à eux autant qu'ils s'adapteront à nous.

En se peuplant de machines intelligentes, la ville, tant à l'extérieur qu'à l'intérieur, va se mettre au service de l'homme. Un nouvel écosystème urbain simplifiera le transit, la communication et l'échange tandis que des robots domestiques soulageront encore plus les hommes et les femmes de corvées chronophages. À nous d'acquérir la sagesse de savoir utiliser ce temps libéré pour plus de dialogue et d'éducation.

La robolution passe aussi par une réinvention des structures sociales.

Micro et nano-robots

Nous venons de faire un tour des laboratoires et centres de recherche industriels qui préparent des robots pour notre futur immédiat. Certains sont d'ailleurs déjà en place ou le seront d'ici quelques mois. Mais la robotique est aussi un vaste champ d'anticipation. J'ai déjà évoqué à maintes reprises dans cet ouvrage comment elle va bouleverser notre quotidien. J'aurais dû ajouter dans le monde « visible ».

Je ne peux pas refermer ce tour d'horizon sans mentionner les autres robolutions qui se préparent à des échelles micro et nanoscopiques.

De nombreuses recherches sur l'intelligence apportée aux objets se concentrent en effet sur l'infiniment petit. La miniaturisation de l'électronique aide à concevoir des circuits embarqués de taille infinitésimale. Les recherches en bio-informatique veulent utiliser les cellules végétales en lieu et place des transistors pour traiter des données. Dans une seule cellule, plus de 10 millions d'opérations chimiques sont exécutées par seconde, des dizaines de milliers de fois plus que sur un circuit imprimé.

Les maîtriser aiderait à créer des logiques organiques puissantes à très faible besoin en énergie.

Robots libellules ou papillons

En septembre 2007, une manifestation antiguerre s'est tenue à Washington. Dans la foule, des activistes ont observé le ballet peu naturel d'étranges libellules survolant le cortège. Inquiets de leurs comportements qui ne ressemblaient pas à ceux d'insectes usuels, les manifestants ont alors prétendu qu'il s'agissait de robots-insectes placés là à des fins de surveillance vidéo ! Aucune autorité gouvernementale ou militaire n'a confirmé les faits. Ils ont été classés comme les objets volants non identifiés au rang de fantasmes populaires.

Toutefois, à la différence des ovnis, les recherches sur des micro-insectes volants sont une réalité tangible. Elles constituent l'un des projets phares du Biomimetic Millisystems Laboratory, laboratoire de biomimétique de l'université de Berkeley. Ron Fearing, qui le dirige depuis mai 1998, cherche à simuler le vol de la mouche. Son objectif est de développer un objet volant non identifiable, d'une envergure de deux centimètres et demi et d'un poids de dix milligrammes, capable de maintenir un vol autonome. Son idée est de copier le mécanisme de vol de la mouche dont la vitesse est exceptionnelle. L'équipe de Fearing dit n'avoir réussi qu'à actionner une aile à la vitesse de... deux cent soixante-dix battements. Malgré la per-

http://viva.ht/58

formance, nous sommes loin du vol du bourdon… et les libellules espionnes sont encore des papillons dans les yeux.

Au Microrobotics Laboratory de Harvard qu'il supervise, le professeur Robert Wood s'efforce de faire voler des MAV, *Micro Air Vehicles*, micro véhicules aériens, d'une envergure de trois centimètres et d'un poids de soixante milligrammes. Fabriquer leurs composants ultra fins a nécessité d'opérer au laser. Pour les assembler, les savants ont suivi des principes proches de l'origami, cette science ancestrale du pliage de papier de soie. Au printemps 2007, un MAV a effectué son premier vol, devenant ainsi le premier robot à deux ailes capable de s'élever dans les airs.

J'aurais voulu être une mouche ce jour-là dans le laboratoire. Le sentiment des participants devait être semblable à l'émotion des frères Wright qui, le 17 décembre 1903, dans la petite bourgade de Kitty Hawk en Caroline du Nord, ont arraché du sol leur célèbre biplan Flyer, premier avion de l'Histoire. Ou à celle de Werner von Braun, le 9 novembre 1967, quand il vit décoller la première fusée Saturn 5 qui deux ans plus tard allait emmener des hommes sur la Lune. J'ai toujours admiré l'ingéniosité des hommes à trouver un moyen de se libérer de la gravité, que ce soit à l'échelle d'un A380 ou dans la lunette d'un microscope. C'est pour moi un symbole de l'esprit de conquête scientifique, une élégance des pierrots de laboratoire qui, à défaut de pouvoir décrocher la Lune, s'en rapprochent.

http://viva.ht/59

Ce MAV, même accroché à une micro-longe pour l'aider à maintenir sa direction, n'est que le premier des micro-robots de ce laboratoire dont le logo est un blason du savoir avec des ailes et des pattes de mouche.

Millenial Vision, que préside Robert Michelson, travaille aussi sur des robots miniatures volants. L'un de ces appareils est l'Entomopter, dont le vol repose sur une innovation appelée « Reciprocating Chemical Muscle » (muscle chimique alternatif), capable de générer un battement automatique des ailes depuis une source d'énergie telle qu'un carburant classique.

Robots collectifs

« Dans le futur, le monde sera rempli de robots mobiles travaillant en équipe et tous feront remonter leur origine à ceux développés par McLurkin », a déclaré l'un des plus grands roboticiens actuels, le professeur Rodney Brooks.

Brooks fait référence à James McLurkin, un ingénieur du MIT, dont les entités opèrent en mode collectif. Il a développé dans le cadre de son doctorat un ensemble de robots voués à reproduire le comportement des abeilles : se rassembler, se disperser, se suivre et entrer en orbite. Chacun d'entre eux peut accomplir des tâches individuelles, mais doit soutenir la tâche commune du groupe.

McLurkin a étudié le comportement d'une fourmilière dès le milieu des années 90. Il a observé et noté la façon dont ses membres réagissent à leur environnement, se transmettent des messages, choisissent une direction pour tenter de modéliser leur intelligence collective. Il ne le savait probablement pas, mais à la même époque, Will Wright, fondateur de Maxis Software et célèbre auteur de Sim City, étudiait aussi les fourmis pour concevoir le jeu Sim Ant qui reproduisait l'intelligence d'une fourmilière. L'un, sur la côte est des États-Unis, travaillait sur des applications sur le réel quand l'autre, au bord du Pacifique, explorait les simulations virtuelles.

La programmation de robots capables de comportements coordonnés fait l'objet d'autres recherches, certaines futiles mais la plupart très sérieuses. Les participants à la compétition annuelle de football Robocup gèrent des équipes de robots qui doivent jouer collectivement pour gagner, par exemple. La création d'essaims de robots à usage militaire pour sillonner des immeubles à risque et désamorcer ensemble des explosifs est une autre application de ces théories. D'autres pourraient être affectés à la fouille des débris de tremblements de terre pour sauver des victimes.

La Nasa voudrait en finir avec les robots solitaires et amener ces machines à travailler de concert dans l'espace… La collectivité ainsi dépêchée sur une planète extérieure comme dans le vide aurait pour tâche d'assembler d'immenses structures en pleine autonomie.

http://viva.ht/60

Sur le Vieux Continent, la Commission européenne sponsorise le projet Swarmanoids visant à produire un comportement de groupe.

Tous ces groupes s'inspirent de la métaphore des insectes sociaux pour leurs travaux.

Mais qu'en est-il de ceux qui choisissent les interactions de la matière pour modèle de comportement des robots ?

Robots polymorphes

L'objectif est d'obtenir une organisation de microscopiques robots qui se coordonnent grâce à des impulsions logicielles pour prendre différentes formes. Ainsi une table peut devenir chaise ou un vase se transformer en assiette. Le principe de ces miracles se rapproche du morphing régulièrement utilisé dans l'image de synthèse. Sur un écran, on peut modifier la forme d'une poule pour en faire une automobile en quelques étapes. La déformation, maintenant courante dans les effets spéciaux au cinéma, n'est qu'une affaire de déplacement intelligent de points. Les robots polymorphes déplacent leurs composants en suivant un programme !

Cette matière intelligente et mobile est un Graal convoité par plusieurs laboratoires en Europe comme aux États-Unis. Elle est composée d'une multitude de minuscules composants en forme de cubes ou de boules, capables de se dépla-

http://viva.ht/61

cer dans toutes les directions de façon à se mouler selon la forme voulue.

À l'université Carnegie Mellon, Seth Goldstein dirige le projet Claytronics (argile électronique). Le chercheur compare la matière qu'il élabore à des grains de sable intelligents : « Pensez à un tas de grains de sable très spécial. Chaque grain de sable a la capacité de se déplacer, de changer sa couleur, et aussi de s'agglutiner à d'autres grains de sable. Imaginez que des milliers ou même des millions de tels cubes travaillent de concert. Toute forme peut alors être élaborée. »

L'équipe de Goldstein appelle ses grains de sable des catomes, pour *claytronics atomes*. Elle les voit comme des composants de nouvelles matières. Les chercheurs de l'équipe réfléchissent aux diverses manières de bâtir ces éléments et de les programmer pour accomplir des transformations.

« Comment construire une matière que nous pourrions programmer de façon à produire n'importe quelle forme physiquement possible ? demandent-ils. Nous préférons, plutôt que de partir d'un seul bloc de matière à sculpter par exemple, gérer un grand nombre d'entités de taille minuscule, chacune d'entre elles ayant les capacités d'un robot. »

L'approche de Goldstein évoque à une échelle miniaturisée les essaims de robots de James McLurkin à une nuance fondamentale près : un grain de sable dans le projet Claytronics n'est pas conscient de la multitude. Il ne connaît et ne comprend que les quelques grains de sable qui se

http://viva.ht/62

trouvent dans sa proximité directe. Aucun catome ne dirige les autres. C'est la pure démocratie de la matière ! Pour chaque grain de sable, il s'agit d'un tout petit programme mais en revanche, l'effet d'ensemble amène ces mini-actions à former un objet particulier.

Le rêve de Godstein est d'envoyer un message numérique à un tas de catomes pour leur ordonner de s'organiser en chaise. Une fois l'ordre disséminé à chacun des grains de sable, ces derniers se déplaceraient et s'agglutineraient de façon ad hoc : certains formeraient les pieds, d'autres formeraient le dossier, d'autres formeraient le siège…

Sans en être à ce niveau de miniaturisation, le Polymorphic Robotic Laboratory de l'université de Southern California travaille sur le projet Superbots, parrainé par le Darpa et la Nasa. Wei-Min Shen, qui le dirige, a mis au point des petits robots formés de cubes et capables de se métamorphoser selon la tâche à accomplir : ramper, serpenter, former un anneau puis rouler sur lui-même, saisir un objet à distance… Chaque module tente de détecter un voisin avant de s'assembler. L'objectif là encore serait de pouvoir un jour construire des robots capables de se reconfigurer en fonction de la tâche à accomplir : véhicule de reconnaissance, bras télescopique, foreuse.

À l'université Cornell, Hod Lipson poursuit une quête similaire avec des machines composées de micro-modules capables de se reconfigurer dynamiquement. L'originalité de son travail tient à ce qu'il veut imiter les process biologiques et

http://viva.ht/63

non copier la nature. Il pense que les machines s'inventeront elles-mêmes un jour sans intervention humaine.

La Communauté européenne enfin n'est pas en reste et a alloué un budget de 6,8 millions d'euros aux projets Symbrion et Replicator. Six pays sont impliqués dont l'Allemagne, l'Angleterre, l'Autriche, la Belgique, la France, par le biais de l'INRIA, et la Hollande. Serge Kernbach, de l'université de Stuttgart, chapeaute l'ensemble et en décrit l'ambition globale à travers son objectif : « Des essaims de robots à grande échelle qui peuvent s'auto-assembler en forme de vies artificielles multi-cellulaires. »

Les applications envisagées de l'ensemble de ces recherches dépassent l'imagination. Le stade ultime est d'arriver à créer des robots capables de s'auto-adapter, de s'auto-programmer et d'ajuster leur taille dans des situations imprévisibles, sans aide humaine. Ainsi, ils pourraient participer à des interventions et sauvetages après une catastrophe, des détections de matériaux dangereux pour l'homme, des inspections de tuyaux…

« En cas de catastrophe, les robots polymorphes pourraient se glisser dans un conduit, monter un échafaudage, aller chercher les gens… Ils pourraient tout aussi bien ériger automatiquement des barrages si la pression d'un courant d'eau devient dangereuse, ou stopper une avalanche », commente Joseph Michael de Robodyne Cybernetics à Londres, surnommé le Picasso du robot pour ses modèles à base de cubes.

http://viva.ht/64

Mais la palme des idées spectaculaires revient, selon moi, au pape de l'argile intelligente, Seth Goldstein, avec son appareil de télécopie en 3D. Il s'imagine adresser un objet à l'autre bout du monde en l'enveloppant de claytronics puis en l'envoyant par télécopie. À l'autre bout de la ligne, d'autres claytronics, inertes au départ, s'assemblent pour reproduire la forme d'origine. Une téléportation de matière neutre.

« L'apparition d'une matière polymorphe pourrait engendrer un bouleversement de l'économie, poursuit Goldstein à partir de sa vision. Au lieu d'avoir à acheter des objets, l'on pourrait les télécharger. »

« Avec un matériau qui peut être reprogrammé et dont la forme peut changer dynamiquement, chacun pourra obtenir aisément des objets courants », répond pour sa part Lipson.

Il y a loin de la coupe aux lèvres pour ces visions utopiques, mais transmettre des mots, des sons et des images avec la qualité et dans les quantités actuelles semblait totalement irréaliste il y a à peine quarante ans. Il suffirait d'un bond technologique dans la miniaturisation des microprocesseurs et certaines sociétés semblent prendre de l'élan pour le réussir.

Nano-robots

La recherche avance à grands pas dans un domaine mal compris dont les dimensions sont atomiques : les nanotechnologies. Un nanomètre correspond à un milliardième de mètre. Dix atomes peuvent se loger dans une surface d'un nanomètre carré. L'ambition initiale de cette discipline est de créer de nouvelles matières en maîtrisant les propriétés physiques de particules. Il s'agit de créer des produits qui pourraient être auto-assemblés depuis la molécule. Qu'il s'agisse d'une motte de terre, d'un peigne ou d'un bulldozer, tout résiderait dans le logiciel de placement des atomes (hydrogène à gauche, carbone à droite, etc). « Regardez dans le miroir et vous verrez une machine de nanotechnologie », fait remarquer Eric Drexler, le « gourou » du domaine, pour expliquer qu'il suffit de copier mère Nature qui fonctionne sur ces principes.

Sa théorie soutient que la Nature ne construit pas les éléments qui la composent en assemblant des parties isolées, comme un gigantesque jeu de Playmobil où les jambes seraient d'un coté, les ailes de l'autre... Elle part des atomes, puis des molécules, et par une savante suite de combinaisons, parvient à bâtir des organismes complets. Si nous parvenions à maîtriser ce processus et à élaborer des logiciels suffisamment complexes, nous pourrions envisager un nouveau type de matière.

L'homme qui a donné naissance à ce courant d'idées s'appelle Richard Feynman de CalTech,

http://viva.ht/65

l'Institut de Technologie de Californie. Le 29 décembre 1959, devant l'American Physical Society, il prononce un discours fondateur : « *There is plenty of room at the bottom.* Il y a plein d'espace au fond des choses. » Il y évoque la perspective de construire des machines à partir d'électrons, de protons et de neutrons en partant d'une question iconoclaste : « *Why cannot we write the entire twenty-four volumes of the Encyclopaedia Brittanica on the head of a pin ?* Pourquoi ne pourrions-nous pas écrire la totalité des vingt-quatre volumes de l'Encyclopaedia Britannica sur une tête d'épingle ? » Cette audace grandira sa notoriété avant un prix Nobel de physique mérité en 1965 pour ses travaux en électrodynamique quantique.

Une décennie plus tard, Eric Drexler a bâti les fondements de la nanotechnologie en s'inspirant des thèses de Feynman. Ses idées ont été consignées dans un livre, *Engines of creation*.

Drexler y définit la notion d'assembleur – une sorte de mécanisme contrôlé par logiciel qui permettrait de combiner à l'envi les atomes entre eux. Son ouvrage a dressé les fondements d'une discipline à la croisée de la chimie, de la physique et de l'informatique.

Bien que souvent critiquées pour leur non-académisme, ses théories ont été largement développées, notamment par les fabricants de microprocesseurs. IBM et Intel figurent parmi les deux plus grands dépositaires de brevets et ne cachent pas leur volonté de réaliser des circuits intégrés à l'échelle moléculaire.

Les ingénieurs d'Intel et de nVidia annoncent qu'ils maîtrisent la gravure à l'échelle de quarante nanomètres. Une équipe de l'Institut national de nanotechnologie au Canada, supervisée par Robert Wolkow, dit avoir fabriqué des atomes artificiels d'une taille inférieure à un nanomètre en exploitant les propriétés du silicium. Les nano-puces sont en vue.

En conjuguant les avancées en matière de robots miniatures volants, d'essaim de robots, de matière polymorphe et de nano-puces, les robots de nouvelles générations auront des capacités inversement proportionnelles à leur taille. Ils peupleront un monde invisible ou pourront explorer des territoires qui nous sont inaccessibles. La robolution ne fait que commencer.

http://viva.ht/66

III

MANIFESTE POUR UNE ROBOLUTION

1. Robots transformers

La robolution est en marche... Rien ne pourra l'arrêter. Au-delà de l'affirmation gratuite, nous en avons vu de nombreux exemples dans les pages de ce livre. Partout dans le monde, la science converge vers l'intelligence apportée aux objets et aux machines. Les robots vont fondamentalement transformer notre monde. Ils accompagneront notre quotidien de façon visible en se substituant aux hommes pour des tâches ingrates, pénibles ou précises. Ils régneront sur les territoires qui ne sont pas à notre échelle, l'infiniment petit ou les profondeurs de l'espace. L'homme augmenté va naître en déléguant une partie de lui-même à des machines pensantes.

Chaque révolution trouve ses racines dans une conjonction de l'Histoire, une tension qui bouleverse l'ordre social. L'insupportable ou l'impossible sont systématiquement à l'origine des ruptures dans les sociétés. Ils permettent de briser tabous et totems pour ouvrir le champ des opportunités. Nous sommes arrivés à un de ces points remarquables de l'histoire du monde. La robolution est une des voies d'avenir pour résoudre certaines équations humaines difficiles. L'harmonisation d'une urbanisation grandissante, l'exploitation des ressources de la planète et la gestion de l'augmentation de notre durée de vie sont trois domaines où la robolution peut apporter des solutions.

Changements urbi et orbi

La cité change et explose ses frontières. Plus de 50 pour cent de la population mondiale vit désormais en zone urbaine, la plupart du temps dans des conditions discutables d'hygiène, de sécurité ou de stress. Pourtant, l'homme continue à s'agglomérer, à se compacter, à se fondre dans la masse, presque d'instinct. Se sent-il plus complet entouré des siens ? Certes, le bon bol d'air, le contact avec la nature, la douceur du soleil lui sont agréables et nécessaires, mais il revient vers la ville, ses vibrations, son énergie, sa dynamique. La ville, pourtant si insupportable…

Mon objet n'est pas d'opposer un naturalisme consensuel à un modernisme effréné mais de constater que la ville agit comme un aimant et attire les hommes comme une ampoule dans la nuit séduit les papillons. Ils choisissent de risquer de s'y brûler les ailes pour s'approcher de sa lumière.

Face à ce constat, la panoplie d'outils pour gérer cette croissance urbaine est en train de montrer ses limites. Les transports s'engorgent, l'espace vital se réduit. On empile, on compacte, on entasse, on superpose, on optimise à chaque coin de rues. Des villes comme Hong Kong ou Singapour rivalisent d'ingéniosité pour s'organiser et continuer à se développer sur des territoires « peaux de chagrin ». Elles forcent les humains à s'adapter à leurs propres règles et les coupent de choix de vie. Celui-là commence à 5 heures du matin car il a deux heures de trajet tandis que celui-ci rentre trop tard pour voir ses enfants. Le citadin se résigne souvent en soupirant un « il faut bien vivre », inconscient de n'être qu'en mode de survie et au bord de la crise de nerfs. La surconsommation de neuroleptiques, l'obésité chronique, les maladies cardiovasculaires et autres maux de notre époque sont les symptômes de la tension urbaine.

Une nostalgie naïve pense arrêter la marche du monde et prône la décroissance. Je n'y adhère pas. Malgré toutes ses imperfections, la vie actuelle est meilleure que celle de nos grands-parents. Dans notre pays, nous avons gagné seize ans d'espérance de vie en cinquante ans et, malgré des disparités, la tendance est générale sur tout le globe. Les maladies graves tuent moins. La malnutrition régresse… Rien ne va assez vite et nous avons clairement à faire face à des déséquilibres et des crises sociales profondes mais il faut trouver des remèdes en regardant vers l'avant, pas en marchant à reculons.

La révolution industrielle du XIXe siècle a inventé la ville moderne, ses ascenseurs, ses rues élargies, ses véhicules pour la traverser, ses centrales pour l'irriguer ou l'éclairer. Elle a aussi beaucoup asservi l'homme dans des tâches de contrôle et de dépendance aux machines. Charlie Chaplin, dans son dernier film muet en 1936, le visionnaire *Les Temps modernes*, caricature l'assujettissement de l'homme à la machine et montre sa capacité de résistance. Cette vision d'artiste est devenue réalité. Les aspirations et les attentes ont changé. Malgré un meilleur état général, le corps social se sent plus mal et l'exprime violemment. Les citadins ont l'impression d'être dépassés par le progrès qui leur impose un quotidien harassant.

Alors, ils passent les frontières physiques de la ville pour explorer le monde sans quitter leur salon. Ils s'enivrent d'images pastel sur des écrans LCD, tentent leur chance aux jeux olympiques virtuels ou surfent la toile en quête d'informations spectaculaires. Ils ne s'extraient de leurs routines quotidiennes que pour tomber dans d'autres... Ils s'échappent de la ville, du monde physique, pour flotter dans un univers numérique où ils pensent rassasier un vide de l'âme et oublier leur banalité. Ces paradis restent artificiels et ne sont pas peuplés que d'anges... Ils sont savamment construits sur des modèles mathématiques froids et rigides. Les règles y sont encore plus dures et intransigeantes que dans la vie réelle. En se berçant d'illusions, on écoute des sirènes digitales qui n'obéissent qu'aux ordres de la rentabilité. Jeu, boursicotage ou pornographie sont les refuges des désespérés. Dépassés par la pression mais pleins d'espoir, ils cherchent dans l'ailleurs un remède à leur ici.

Urbi, dans la ville, ou orbi, hors des murs, le modèle issu de la révolution industrielle s'essouffle.

La robolution des transports permettra une meilleure gestion des flux dans la ville. Celle du mobilier créera de l'espace convivial de vie. Les robots ménagers aideront à libérer de corvées pénibles pour donner du temps aux citadins.

Les robots rendront la ville plus humaine.

Espace vert

Réchauffement climatique, fonte des glaciers, montée des eaux, réduction de la biodiversité, pollution atmosphérique, destruction des fonds marins sont des sujets clefs pour la survie de notre planète et semblent les conséquences d'une surexploitation de ses richesses. Les controverses sont légions entre passionnés. À ma gauche sont accusés pêle-mêle les rejets de carbone, la surconsommation des pays riches, le laxisme écologique des pays économiquement faibles, la boulimie en matière première des pays émergents. À ma droite sont blâmés les grands cycles climatiques du monde qui entraînent l'homme qui n'a qu'un impact marginal et doit se contenter de s'adapter.

L'échec du sommet de Copenhague et les nombreuses polémiques sur les projections alarmistes des scientifiques laissent entendre que le match est loin d'être terminé. Les restrictions et prohibitions proposées par les extrémistes écologiques ne semblent pas faire l'unanimité. Le tout libéral sans nuance sociale n'est plus crédible. Les camps s'opposent et restent sur des positions fermes. Le vert est au feu rouge.

Il y a tout de même un consensus pour arrêter un gaspillage inutile de ressources précieuses et optimiser nos matières premières. Stopper les abus d'exploitation et réduire notre empreinte écologique a du sens autant pour la préservation de notre planète que pour des raisons pragmatiques d'économie. Tout le monde a pris conscience que les réserves de matériaux, minerais, énergies fossiles ou minérales et tous les autres éléments indispensables à notre développement n'étaient disponibles que dans des quantités limitées. Limitées certes mais jusqu'à quel point ?

Si on considère notre planète Terre dans son intégralité, l'être humain n'en occupe que moins de 20 pour cent. Quelle présomption que de prétendre que nous l'épuisons quand nous ignorons presque tout de ses réserves inatteignables et n'écorchons qu'à grand-peine sa surface ! Chaque catastrophe naturelle nous rappelle la puissance cachée de Gaia et replace notre influence en perspective. Les ressources terrestres sont immenses, mais inaccessibles à l'être humain.

Les océans représentent 71 pour cent de la surface du globe et renferment plus de 97 pour cent de l'eau disponible sur la Terre. Les déserts eux couvrent 35 pour cent des terres émergées, soit une surface de plus de 50 millions de kilomètres carrés. Les conditions climatiques rendent impossible toute activité dans ces coins reculés, au milieu des flots comme au sommet des montagnes enneigées.

La robolution de véhicules intelligents semblables à ceux qu'on envoie aujourd'hui dans l'espace permettrait une exploration méthodique du fond des mers ou du cœur du plus chaud des déserts pour y trouver de nouvelles ressources. Des robots de service pourraient ensuite exploiter ces zones jugées invivables donc inutiles. Notre monde est encore très vaste si nous nous donnons les moyens de le découvrir et de le mettre en valeur.

Nous agissons trop souvent comme le renard de la fable de Jean de la Fontaine qui, ne pouvant atteindre des raisins juteux poussés trop haut, se contente de dire qu'« ils sont trop verts et bons pour les goujats ! ». Il s'en détourne alors qu'un simple escabeau l'aurait aidé à les attraper pour satisfaire sa faim. Les robots peuvent être nos échelles pour attraper l'impossible.

Entre le zéro et l'infini

Plus d'un siècle après la mort du fabuliste, un autre penseur désabusé, Thomas Malthus, prédisait, en 1798, dans son *Essai sur le principe de population*, une catastrophe démographique inéluctable dès le début du XIXe siècle. D'après ses calculs, les ressources de la Terre finiraient par ne plus être assez importantes pour nourrir la population du globe. Il avait négligé dans son analyse les progrès de l'agriculture qui ont considérablement amélioré les rendements des terres et la conquête de nouveaux territoires comme les États-Unis et les colonies. Il avait oublié que les hommes cherchent en permanence des solutions de développement.

La crainte naît souvent du croisement de l'ignorance et de l'esprit de clocher qui empêche de s'élever. Elle se transforme en panique quand on la rationalise sur de faux axiomes. Le malthusianisme est un pessimisme aveugle qui a perdu la foi dans la capacité de l'être humain à inventer. Il est souvent plus confortable car il favorise l'inaction.

Notre monde est pourtant beaucoup plus vaste qu'il ne nous paraît. Nous sommes bâtis pour le voir dans une gamme de couleurs, l'évaluer à l'aune de la taille de nos membres et l'entendre dans certaines fréquences. Nous savons que tous ces paramètres ne sont qu'une portion de l'univers et avons construit des instruments pour aller voir, entendre ou repérer du cœur de la matière aux confins de l'univers. Nanomètres ou années-lumière sont des concepts qui nous restent toutefois théoriques. Ils pourraient devenir les échelles de travail de robots à construire. Ainsi, l'homme augmenté, agissant sur la matière et traversant l'espace, trouvera d'autres solutions techniques pour son développement. Elles seront en outre moins brutales pour la nature.

La robolution est partie prenante dans les préoccupations écologiques. Elle permettra d'optimiser l'énergie en contrôlant et pilotant la consommation des foyers, des voitures ou des éclairages publics. Elle pourra imaginer des robots travailleurs du désert ou plongeurs sous-marins exploitant les ressources inaccessibles pour que l'environnement direct retrouve son harmonie. Les nano-robots façonneront l'atome pour recycler les matières premières…

Déporter l'intelligence humaine à d'autres échelles est une voie de croissance au potentiel quasi infini.

L'homme bi-centenaire

Il y a un siècle, l'homme de cinquante ans était usé. Des dents manquaient sur sa mâchoire, son dos brisé le supportait à peine et il était prêt à laisser sa « place aux jeunes », comme il disait. Il avait fait son temps ! J'ai dépassé cet âge. Ma génération et les suivantes vont vivre beaucoup plus longtemps. Notre espérance de vie augmente de six minutes chaque jour. Les enfants nés en l'an 2000 devraient donc en moyenne connaître le tournant de leur siècle. Cela va complètement changer notre rapport au temps et plus particulièrement à notre âge biologique. Dans une société qui va abriter de plus en plus de centenaires dont certains seront dépendants, le corps social doit évoluer pour assurer le confort et la sécurité de ce quatrième âge.

Le Japon possède la meilleure espérance de vie du monde, près de quatre-vingt-six ans pour les femmes et soixante-dix-neuf ans pour les hommes. Ce pays est un admirable prototype des évolutions probables de notre société. Le développement de la population de cet archipel, faisant face aux contraintes territoriales, constitue un excellent modèle de tendances pour les autres zones urbanisées de la planète. Par-delà les différences culturelles, on peut y repérer des constantes universelles. Sur sa pyramide des âges, on observe de moins en moins d'actifs et de plus en plus de personnes ayant besoin d'assistance. Une question fondamentale se pose : qui va s'en occuper ?

Une partie de la réponse, pour les Japonais, est de faire confiance à des robots. Nous avons vu dans les chapitres précédents leurs efforts de recherche impressionnants dans ce domaine. Ils considèrent qu'ils n'ont pas le choix, ni d'un point de vue économique, ni sur le plan démographique. Ils ne disposent pas en effet des ressources humaines pour gérer ce vieillissement, ou du territoire pour accueillir une immigration importante. En outre, ils pensent que l'extrême disponibilité des robots va faciliter l'organisation de la vie des personnes âgées, que ce soit pour des soins, du loisir ou du ménage. Elles seront moins tributaires d'horaires, plus autonomes donc plus libres.

Les structures démographiques de tous les pays industrialisés prennent la même direction. Nous allons atteindre dans les prochaines années une problématique sociale semblable à celle du Japon. Sans négliger le rapport humain, crucial et déterminant pour l'équilibre, un grand nombre de tâches quotidiennes pourront être déléguées à des robots, y compris la surveillance médicale ou l'accompagnement.

La robolution prend ici un sens humanitaire. En assistant l'homme diminué, le robot lui redonne de la dignité dans de nombreux cas. Robots infirmiers ou compagnons pourraient se banaliser dans les foyers dans les toutes prochaines années pour le bien-être de tous.

2. Roboland

Le robot en vaut-il la chandelle ?

Sur les trois questions : urbanisation du monde, sauvegarde de la planète, et vieillissement de la population, la robolution propose des solutions. Innovantes et audacieuses, ces idées nécessitent une prise de conscience des enjeux pour disposer des moyens de leur mise en place.

Les mineurs du milieu du XIXe siècle s'exténuaient avec des pics à sortir quelques dizaines de kilos de charbon du fond du puits où ils étaient affectés. Un siècle plus tard, ils utilisaient des foreuses mécaniques ou pneumatiques pour creuser des galeries. Puis les mines ont fermé. On mettait en cause l'épuisement du gisement, le danger pour les hommes ou la rentabilité. On avait atteint, pour toutes ces raisons, les limites de la productivité. Celle d'un modèle classique de la machine pilotée par l'homme.

On pourrait aujourd'hui imaginer des robots exploitant ces mines en toute autonomie, sans crainte de manquer d'oxygène ou d'un coup de grisou mortel. Ceux-ci iraient peut-être plus profond, se glisseraient dans des veines plus étroites, pourraient extraire sur place et ne remonter que les minerais essentiels... Pourquoi ne les mettons-nous pas en place ? Tout simplement parce que nous pensons avoir encore le choix d'aller chercher du minerai ailleurs ou de l'énergie sous d'autres formes. Le coût de développement des robots paraît encore trop élevé.

L'innovation technologique passe par un arbitrage économique. Tant qu'il existe une solution moins chère, elle est privilégiée au nom de l'efficacité financière. Dans l'exemple des mines, elle peut avoir pour conséquence la dépendance énergétique, l'épuisement d'autres sites naturels ou la perte d'emplois locaux. Mais elle a un sens économique, du moins à court terme.

Cette caricature veut illustrer que cette robolution impliquera une audace d'investissement pour parier sur des réponses structurantes à de profonds problèmes de société. La robolution entraînera une dynamique aussi puissante que celle de la révolution industrielle avec des conséquences sur l'emploi.

Robots voleurs d'emplois

En les remplaçant dans de nombreuses tâches quotidiennes et professionnelles, les robots vont priver d'emploi beaucoup de personnels humains. Le nombre reste difficile à évaluer mais des catégories professionnelles entières pourraient disparaître. Ce sont généralement des métiers pénibles ou répétitifs où l'être humain est peu valorisé : hôtesse d'accueil, caissier de supermarché, chauffeur de taxi, ouvrier sur chaîne de montage… Il n'en reste pas moins que ces pertes d'emplois vont avoir d'importantes conséquences psychologiques et économiques que l'on ne peut négliger.

Les canuts qui ont brisé en novembre 1831 les machines Jacquard considéraient qu'elles les privaient des maigres revenus durement gagnés sur leur précieux « bistanclaque », nom familier du métier à tisser manuel. Ils s'opposaient à la modernité parce qu'elle les menait à la ruine, pensaient-ils. La productivité des machines et l'automatisation tuaient leur profession ancestrale qui, à l'époque, faisait vivre la moitié de la bonne ville de Lyon… Cette image d'Épinal, que n'aurait pas reniée Charles Peguy, masque des conditions de misère où les enfants travaillaient dès l'âge de cinq ans et où les ouvriers dormaient sur une paillasse de l'atelier car ils ne pouvaient se payer un toit. Toutefois, l'inconnu effraie, il bouleverse les habitudes. La réaction spontanée des êtres humains reste de se réfugier dans les habitudes, même si celles-ci sont défavorables.

On peut donc s'attendre à des réactions d'incompréhension et de rejet face à la robolution. Certaines chaînes de supermarchés ont dû renoncer à l'implantation de caisses automatisées sous la pression syndicale. On résiste à l'implantation de robots dans de nombreuses usines au nom de l'emploi...

Alors que faut-il faire ? Imposer ou attendre ? La première option n'est pas réaliste à l'époque du dialogue social. La seconde risque de mettre un pays en retard de productivité car d'autres auront moins de scrupules et s'équiperont activement. Il n'y a qu'une seule voie : expliquer, partager les informations avec les personnes directement impliquées dans ces bouleversements pour les préparer ensemble. Cela ne se fera pas sans une implication importante des autorités de l'État, des acteurs sociaux et une véritable transition organisée par les entreprises.

Nous avons déjà vécu une situation similaire avec l'introduction de l'informatique dans toutes les activités industrielles et administratives. Elle a détruit des millions d'emplois de faible qualification. Le bilan, après un demi-siècle de recul, est plus que positif. Les entreprises se sont modernisées et les flux commerciaux ont augmenté. Le niveau d'éducation et les conditions de travail de millions de personnes se sont considérablement améliorés et leur temps de travail a été réduit. Le secteur tertiaire est devenu générateur de valeur et d'emploi. Tout cela s'est fait avec une bonne gestion du temps qui a introduit les technologies de l'information progressivement dans la vie personnelle et professionnelle de millions de gens.

Nous connaîtrons le même type de cycle avec la robotique. Sa vitesse de développement sera probablement plus lente car elle met en œuvre des processus industriels plus lourds que les applications logicielles. Il faudra construire sur ce temps et le mettre à profit pour adapter les mentalités, former à d'autres métiers ou compléter des éducations trop sommaires. La coordination entre pouvoirs publics et structures privées sera critique. Après une phase intermédiaire, des milliers d'emplois industriels à plus forte valeur ajoutée seront créés par la réinvention de nombreux produits et services. Selon la JARA, Japan Robot Association, le marché mondial de la robotique de service devrait être multiplié par cent sur les vingt prochaines années. Les courbes d'emplois directs et indirects prendront alors la même pente.

Le robot se lève à l'est

L'enjeu est de taille. L'industrie mondiale de la robotique devrait dépasser les 70 milliards de dollars en 2025. Elle décompte en 2009 400 000 robots dans les foyers nippons, soit un pour trois cents habitants au Japon. D'après ces prévisions, l'industrie des robots au Japon en 2020 supplantera celle de l'automobile. 3,5 millions d'emplois devraient en découler.

La ville d'Osaka abrite le plus important cluster robotique du pays. Lors d'un voyage d'études, j'y ai rencontré Katsunori Kitamura. Il m'a fait découvrir le Robot Laboratory dont l'objectif est d'établir un puissant réseau d'experts, académiques ou industriels, dans la next-generation-RT,

Technologie Robotique de Nouvelle Génération, pour faciliter le développement des entreprises du secteur. En organisant des séminaires de sensibilisation et des démonstrations, ce carrefour de savoirs veut esquisser le style de vie du futur et planter les graines de cette nouvelle industrie. Le thème de sa dernière conférence de l'année 2009 était à ce titre symbolique : « Comment ouvrir une start-up en robotique ? » Avec de telles initiatives, il est probable que le pays du Soleil levant soit sur le podium mondial de la robotique pour une bonne partie du siècle.

Tout proche géographiquement, mais si loin de sa civilisation et de ses motivations, la Corée du Sud veut aussi être un grand acteur de la robotique.

Ce grand pays a réussi le tour de force de passer du Moyen Âge à l'ultra-modernité en moins de cinquante ans, du jamais vu dans l'histoire des nations. Son PIB a été multiplié par plus de cent entre 1960 et 2010, sa population est alphabétisée à plus de 95 pour cent et près de 100 pour cent des foyers sont connectés par câble haut débit... Les Coréens travaillent en définissant un objectif et aucun obstacle ne les arrête tant que celui-ci n'est pas atteint. Le pays du Matin calme est une nation bulldozer. Ce volontarisme étatique, allié à la mobilisation de capitaux privés, entraîne de larges populations vers des buts précis et la robotique est sur leur liste. La Corée du Sud avait adopté la même stratégie pour l'industrie automobile, la téléphonie, et les écrans LCD. Les marques coréennes, Samsung, Daewoo, inconnues ou presque dans les années 80, caracolent aujourd'hui parmi les premières mondiales.

La Corée du Sud a fait de la robotique une priorité nationale au tournant du siècle, persuadée que les robots représentent la grande aventure industrielle du futur comme le secteur automobile l'a été pour le siècle dernier. La robotique représente, pour ce pays, une opportunité économique vitale à ne pas manquer. Le plan « Corée 2010 » s'est vu doter de 500 millions de dollars par le gouvernement pour constituer la colonne vertébrale d'un projet qui mobilise les institutions, les entreprises, les chercheurs et les étudiants. Il mélange subventions de recherches et commandes d'État pour soutenir les start-up du secteur. Dix mille Coréens travaillent dans le secteur robotique en 2010. Le gouvernement pense qu'ils seront dix fois plus à l'horizon de cinq ans.

Un autre signe fort de cet engagement pour sensibiliser la population est la construction d'un parc d'attractions géant, Roboland, entièrement consacré aux robots et d'un budget de 435 millions d'euros. Sa construction a commencé à Séoul et son ouverture est prévue fin 2012. Outre des zones de divertissement, il intégrera des centres de recherche et de développement. L'objectif est de familiariser le grand public aux robots et de mettre à disposition des industriels un site de tests en taille réelle.

Lors d'une de mes visites au ministère de l'Information et des Technologies, un officier ministériel m'a clairement résumé l'ambition de son pays : devenir la première nation robotique du globe pour rajouter de l'harmonie au monde. Ne sourions pas, les Coréens le pensent et agissent en conséquence. Le robot, comme le soleil, se lève à l'est.

Ces dragons, accompagnés par la bienveillance de l'Empire du milieu, la Chine, et l'agile Taiwan apparaissent comme les pays qui ont commencé l'intégration des robots dans leur société civile et pris une sérieuse avance sur le reste du monde. Ils sont décidés maintenant à exporter leur savoir-faire.

À l'ouest, rien de nouveau ?

En juin 2009, un rapport émis par la Computing Research Association, un consortium d'universités et instituts, a sonné l'alarme aux États-Unis : l'Amérique doit accélérer ses investissements en robotique si elle ne veut pas être absente du principal marché du XXIe siècle et dépendre d'autres nations pour ce type de produits. Ce rapport, The National Robotics Technology Roadmap, cartographie nationale des technologies robotiques, place le Japon, la Corée du Sud mais aussi l'Union européenne devant les États-Unis en matière de technologie robotique. Si l'Amérique s'est montrée efficace en matière de robots militaires, ses industriels ont négligé d'autres secteurs, ne les percevant pas rentables à court terme.

Les entreprises de technologie ont répondu à cette alerte et commencent à réagir en multipliant les initiatives en robotique de service. La société californienne Google a lancé le Google Lunar X Prize, une course d'engins robotisés devant se rendre vers la Lune, assortie d'un prix de 30 millions de dollars. Microsoft participe également à cet essor en mettant à disposition gratuitement le MRDS, Microsoft Robotic Developer Studio, ensemble de logiciels spécialisés en robotique, auprès de tous les chercheurs pour faciliter la programmation de robots.

Les centres de recherches de référence dans la robotique s'organisent dans le Massachusetts, autour du MIT, la Pennsylvanie et plus spécifiquement Pittsburgh avec l'université Carnegie Mellon et la région de San Diego en Californie qui émerge dans ce secteur. Nul doute que les États-Unis ne resteront pas les bras croisés dans cette compétition.

Eurobotique

L'Europe a, elle aussi, compris les enjeux stratégiques de la robotique et connaît actuellement un boum de croissance dans la robotique industrielle. Un tiers des robots de ce type vendus dans le monde est fabriqué en Europe, essentiellement en Allemagne. C'est un marché estimé à plus de 4 milliards d'euros en 2010 et en progression de plus de 5 pour cent par an.

Automatica, le plus grand salon professionnel européen, a réuni à Munich en 2008 plus de trente-deux mille visiteurs venant du monde entier pour découvrir les productions de grosses sociétés locales comme l'allemand KAKU ou de filiales d'entreprises japonaises implantées sur le territoire comme FANUC.

Les géants de l'industrie automobile comme Renault ou de l'aviation comme Dassault ont également de lourds investissements dans la robotique pour optimiser leurs chaînes de fabrication. Les recherches restent toutefois internes et concentrées sur leurs besoins propres.

Pour la robotique de service, la Communauté européenne a alloué un budget de 400 millions d'euros à la recherche. Il est destiné à resserrer les liens entre universités et entreprises. L'Europe et notamment l'Europe continentale dispose en effet de très nombreux centres de recherches en robotique qui déposent des brevets ou publient des conclusions. Peu passent malheureusement le cap de l'industrialisation et de la création de valeur. Les passerelles laboratoires-entreprises sont une vieille habitude anglo-saxonne qu'il faut imiter.

Des pays inattendus comme la Slovénie ou la République tchèque considèrent la robotique comme une de leurs priorités industrielles nationales et multiplient les initiatives. Ainsi, au laboratoire de robotique de la faculté de Ljubljana, dirigé par le professeur Marko Munih, sont testés des robots à interface haptique, qui mettent en œuvre le sens du toucher. Un des doctorants, Matjaz Mihalj, leur a même consacré un livre référent en la matière. Le 21 janvier 2010 à l'université technique tchèque de Prague, ville-berceau du mot robot, s'est tenue une conférence sur les systèmes cognitifs et robotiques rassemblant plusieurs centaines de chercheurs. Le robot se lève à l'est… même en Europe !

Depuis le Danemark, la société Lego évangélise la robotique à l'école depuis 1998 avec sa gamme Mindstorm d'initiation à la programmation. Dans nombre de pays, les clubs informatiques ont changé leur nom en club robotique.

Comme les autres continents, l'Europe, consciente des impacts majeurs de la robolution, en perçoit les opportunités et s'organise pour les défis internationaux.

À l'initiative de Syrobo, le syndicat de la robotique de service, un salon professionnel, Inno-Robo, ouvrira ses portes en mars 2011 à Lyon pour révéler les productions européennes et confirmer leurs performances. Parions qu'il sera surprenant !

http://viva.ht/72

3. Et un, et deux, et trois robots

Robolution française

Je répète au fil des pages qu'une nouvelle ère de l'humanité va commencer. Le monde entier se mobilise pour cette nouvelle étape technologique. Il faut des premiers de cordée pour entraîner les autres dans la robotique de service. Ils se nomment aujourd'hui Japon, Corée du Sud, Allemagne ou États-Unis. Et pourquoi pas la France ?

Le 13 février 2007, je sors de la station Balard du métropolitain parisien, qui n'a pas changé depuis vingt-cinq ans. Je remonte sous la pluie le boulevard Victor dans le XVe arrondissement de Paris que bordent des bâtiments austères. C'est en effet le siège de la base aérienne 117 où j'ai effectué mon service militaire. J'y ai enseigné les mathématiques aux candidats à l'École de l'air. Mon sergent-chef, dont j'ai honte d'avoir perdu le nom, faisait tous les matins le tour du périphérique en courant. Il avait parié qu'il gagnerait la course des cent kilomètres de Millau. Je ne sais pas s'il a réussi car c'est sa deuxième passion qui a été déterminante pour mon avenir. Avec sa paye de sous-officier, il s'était offert un ZX80 en kit et m'avait demandé, en tant qu'ingénieur, de l'aider à le monter. J'ai ainsi, en 1981, contracté, dans une caserne, le virus de l'informatique personnelle.

Je passe devant une guérite que je salue militairement en souvenir des gardes inutiles que j'y ai montées. J'arrive enfin devant l'escalier monumental du numéro 32. Je suis devant un temple du savoir respecté par tous les « taupins », élèves des classes préparatoires de France : l'ENSTA Paris Tech, l'École Nationale Supérieure des Techniques Avancées. J'ai rendez-vous avec Jean-Christophe Baillie, JC, polytechnicien chercheur qui a créé en mars 2006 sa propre entreprise, Gostai, contraction de Ghost Artificial Intelligence. Un jeune homme élégant m'interpelle avec un sourire chaleureux dans le hall cathédrale de l'école. Je m'attendais à un chercheur en blouse tachée d'encre et je tombe sur un séducteur en costume bien coupé. Tout en se présentant, il m'explique les origines de l'école, me montre les détails de quelques maquettes qui la décorent, et me parle de sa passion, le cinéma. JC fonctionne à cent à l'heure et tient souvent deux ou trois conversations à la fois sans jamais se déconcentrer. Il ressemble à ces joueurs d'échecs qui disputent plusieurs parties en parallèle. Il impressionne tant par sa vivacité que par sa bonne humeur. Il m'entraîne à pas soutenus jusqu'aux deux minuscules salles de ses bureaux coincés au fond d'un couloir.

http://viva.ht/67

La première impression que me fait cette bande d'une dizaine de programmeurs hirsutes est un déjà-vu, comme disent les mediums. J'ai visité des dizaines de ces studios peuplés d'originaux. Ils semblent toujours perdus dans leur monde numérique, concentrés à l'extrême et en communion avec leurs machines. On caricature trop souvent ces talents et on les oublie toujours quand on s'extasie devant un effet spécial d'*Avatar* ou une application iPhone. L'armée des ombres des programmeurs mériterait beaucoup plus de considération. Dans leurs antres, ils fabriquent des rêves.

L'équipe de Gostai ne déroge pas à la règle. Une dizaine d'ingénieurs bidouillent en silence des Aibo, des Mindstorms et d'autres robots que je ne reconnais pas. Ils travaillent. Ils affinent le codage informatique d'Urbi, le langage de programmation inventé par leur jeune président. Lorsque JC commence sa démonstration, je réalise qu'il a en fait mis au point un véritable système d'exploitation, un outil fondamental pour développer des applications sur tous les robots du monde. Urbi offre à des millions d'informaticiens la possibilité de pouvoir utiliser les robots comme nouvelles plates-formes. Les compétences françaises reconnues en génie logiciel vont trouver, grâce à cet outil, un inattendu relais de croissance. Génial !

Je ne peux m'empêcher de comparer malicieusement JC à un autre créateur mythique de systèmes d'exploitation, DOS puis Windows, et d'un langage de programmation, le Basic, que j'ai appris à quelques centaines de mètres de cette salle… Je ne peux que lui souhaiter la même histoire !

Gostai a depuis bien grandi, ouvert une filiale à Palo Alto, et déménagé dans un espace aéré qui surplombe les nouveaux quartiers du sud de Paris. JC collectionne les contrats. Il a notamment adapté Urbi pour l'humanoïde Nao et un autre robot français, Spykee de la société centenaire Meccano. Il a acquis une reconnaissance internationale en 2009, avec le prestigieux prix ACES IT Microsoft Award qui récompense la meilleure entreprise issue de la recherche. Bon vent, monsieur le polytechnicien, votre vision vous emmènera loin !

Parcours différent pour Pierre Seguin qui passe son enfance près de Vichy dans la campagne. Avec un BTS d'informatique industrielle en poche, ce talentueux zébulon de l'électronique commence sa carrière en 1999 à Lyon dans le plus secret des départements d'Infogrames, l'Atari Lab. C'est là que les projets les plus libérés du groupe prennent forme sous mon impulsion. Pierre y conçoit des robots dès 1999. La restructuration difficile du groupe m'oblige à annuler la plupart des développements et à fermer, à grand regret, ce centre d'innovation. Cela donne l'occasion à plusieurs employés de voler de leurs propres ailes. Pierre choisit la robotique et s'installe à Gerland, près du stade de l'Olympic Lyonnais, pour créer Pob Technology en août 2005. Après quelques mois de réglage, il réussit à sortir, seul, son premier produit destiné à l'enseignement de la robotique, le Pob-

http://viva.ht/68

Bot. Le drôle d'engin, monté sur de grosses chenilles grises trop grandes pour lui, et aux cartes électroniques vert fluo apparentes, est entièrement réalisé sur le territoire français. Cet écorché de robot n'est pas très élégant, mais remplit sa mission pédagogique. Pierre lui a adjoint un langage graphique très simple pour le faire fonctionner et le rendre accessible à tous.

Lorsqu'il me le présente pour la première fois, Pierre parle avec émotion des nuits qu'il a passées à le réaliser. Je l'imagine, avec ses grands cernes sous les yeux, en Gepetto du numérique donnant la vie à son Pinocchio de robot…

Pob Technology s'est considérablement développé depuis cette première maquette. Installée désormais dans de larges bureaux à Villeurbanne, une dizaine d'employés montent sans relâche des robots qui partent dans le monde entier. Sur les colis entassés sur la table d'expédition, j'ai eu l'occasion, lors d'une visite récente, de voyager en lisant les étiquettes des destinations exotiques : Taiwan, l'Arabie Saoudite, le Canada, la Jordanie… En France, les académies de Versailles et Grenoble ont choisi le PobBot parmi de nombreux concurrents pour enseigner la robotique dans les classes de science de l'ingénieur. Pierre a vendu en trois ans plus de mille robots et prépare ses nouveaux modèles. Il prouve que pour un cœur vaillant, rien n'est impossible.

À ces deux exemples d'entrepreneurs français, pourraient s'ajouter plusieurs autres qui montrent le dynamisme de notre pays dans ce secteur.

http://viva.ht/70

Erwann Lavarec, chercheur au laboratoire d'Informatique, Robotique et Microélectronique de Montpellier, a créé WANY Robotics en 2000 pour commercialiser des solutions robotiques de service. Sa plate-forme universelle Pekee est largement utilisée par les centres de recherche et de formation.

Jérôme Damelincourt cache sous un air débonnaire une détermination sans faille qui lui a fait gagner de nombreux tournois d'arts martiaux. Il a ouvert en 2001 au cœur de Paris Robopolis, la première boutique européenne entièrement consacrée aux robots. Il souhaitait offrir au grand public l'occasion de les « voir en vrai ». Pari tenu, dans une caverne d'« Ali Robo » où sur plus de cent vingt mètres carrés s'étalent des robots allant du simple jouet mécanique aux plus sophistiqués des humanoïdes. En poussant la porte de son magasin, boulevard Beaumarchais, j'ai immédiatement compris que ce pionnier avait vu juste. Nous sommes maintenant associés. Robopolis distribue aujourd'hui des robots dans plus de mille trois cents points de vente en France et réalise plus de 10 millions d'euros de chiffre d'affaires.

Rafi Haladjian et Olivier Mevel présentaient au marché en 2005 le Nabaztag, un lapin communicant, proto-robot qui révolutionne la manière de lire son courrier ou de connaître la météo en bougeant les oreilles et brillant de mille leds. Plus de 100 000 exemplaires plus tard, le lapin aux oreilles robotisées est désormais nourri par les logiciels d'un des plus grands éditeurs français, Mindscape.

http://viva.ht/69

La liste pourrait s'allonger encore du Landais Vincent Dupourque de Robosoft ou de Bruno Maisonnier et son Nao, star de la robotique française qu'il présente à l'exposition universelle de Shanghai... Je les ai déjà mentionnés et j'en oublie bien d'autres encore qui prennent tous les jours le pari de l'entreprise en robotique.

Ils sont tous des forces vives de la robolution.

À côté de ces aventures individuelles, la robotique française s'organise plus formellement. Le Groupement de Recherche, GDR, en robotique a été mis en place en 2007. C'est un carrefour essentiel de dialogue et d'échange d'information pour la communauté scientifique robotique. Il est animé par son directeur Étienne Dombre du LIRMM à Montpellier, et par Raja Chatila du Laboratoire d'Analyse et d'Architecture des Systèmes, le LAAS-CNRS. Ils l'ont organisé en sept groupes de travail couvrant tous les types de recherche en robotique, robotique médicale, véhicules autonomes, robotique humanoïde... Le GDR associe à ses travaux un club de partenaires industriels de plus de vingt-cinq entreprises de toutes tailles. Hyperactif, il organise des journées d'information, un colloque annuel, donne des prix de thèse en robotique, représente la France dans la communauté internationale des roboticiens, et a mis en place un site Web visité par plus de treize mille personnes en 2009. Pour toutes ces actions, le GDR-robotique dispose d'un budget de fonctionnement de moins de 70 000 euros par an. Il mérite largement plus de moyens pour aller beaucoup plus loin !

http://viva.ht/71

Depuis le 20 mai 2009, les professionnels de la robotique de service se sont regroupés au sein d'un syndicat professionnel, Syrobo. Cette association soutient une trentaine de membres. Sa vocation est d'informer et d'accroître la visibilité de ce secteur d'activité et de représenter une force de proposition et d'action pour le développer. Il organise des présentations thématiques, les « Robots Wednesday », où des chercheurs et des industriels interviennent devant des centaines de curieux sur des sujets aussi divers que « Qu'est ce qu'un robot de service ? » ou « Comment fait-on apprendre un robot comme un enfant ? ». Le syndicat mène également une réflexion approfondie sur les impacts sociétaux du robot avec un comité spécifique sur la robotique et l'éthique qui se réunit régulièrement. La convention collective des roboticiens, les normes robotiques ou les formations professionnelles du secteur sont sur la liste de ses objectifs. Syrobo est aussi l'initiateur du premier salon de la robotique de service, Inno-Robo, à Lyon en mars 2011.

Certains pôles de compétitivité se concentrent également sur les enjeux robotiques. Quelques initiatives méritent d'être soulignées : le parisien Cap Digital a développé une branche spécifique, Cap Robotique, le lyonnais Imaginove évangélise les logiciels pour robots et le grenoblois Minalogic rapproche les nanotechnologies et la robotique.

Dans toutes les régions, de très nombreux métiers, concernés par la robolution, demandent information et support à leurs associations profes-

http://viva.ht/73

sionnelles. Un bel exemple est l'association d'origine savoyarde Thesame de mécatronique et de management dont le directeur général André Montaud est un avocat infatigable des robots de service et des nouvelles technologies dans l'industrie.

Les médias, enfin, se font de plus en plus l'écho de l'arrivée des robots dans notre quotidien, jusqu'à craindre la substitution des journalistes par des humanoïdes connectés pour les journaux télévisés… Les blogs et tweets en français sur la robotique sont légion et de nombreux robots disposent de leurs propres sites sur les réseaux sociaux comme facebook. Le premier magazine européen sur ce thème, *Planète Robots*, est un des rares succès de presse récents.

La vague de la robolution française prend de l'ampleur, il faut mettre tout en œuvre pour l'amplifier au bénéfice de tous, à commencer par les générations futures.

La nécessité d'un Plan Robotique à l'école

Dans les années 80, à la naissance des ordinateurs personnels, les jeux ludoéducatifs ont voulu ouvrir la voie de nouveaux modes d'apprentissage. L'initiative du Plan Informatique pour Tous est à ce titre un remarquable exemple d'anticipation scolaire des bouleversements de la société. Il a permis à des millions d'enfants d'avoir accès à des ordinateurs pour être préparés à leur société future.

En ce début de siècle, alors que se dessine une nouvelle étape du monde, l'ère du robot, il faut initier des réflexes et des habitudes de travail avec les robots. Le premier pas vers cette collaboration homme-robot est de banaliser la robotique dans l'enseignement. La préparation des enfants à leur quotidien de demain ne peut être ignorée.

Des signes forts indiquent une évolution majeure d'une société des technologies de l'information vers un monde d'intelligence avec des robots, futurs compagnons de vie, que ce soit pour nos loisirs, au travail, ou à la maison. L'usage de la robotique en milieu scolaire induit un nouveau rapport à la machine nécessaire à la construction de la société de demain.

Une enquête auprès de professeurs ayant déjà utilisé des robots dans un cadre pédagogique a conclu que les robots sont des outils efficaces d'apprentissage, plus immersifs que les ordinateurs et qui tissent un lien émotionnel avec les élèves.

Ils ne se contentent plus de regarder par la fenêtre de l'écran des simulations virtuelles, mais apprennent à agir sur le réel.

En Europe comme aux États-Unis, l'utilisation de robots pour l'éducation reste concentrée essentiellement dans l'enseignement supérieur ou cantonnée aux clubs robotique dans le reste du système scolaire.

Seule l'Asie a déjà intégré la robotique dans son cursus scolaire. La volonté d'excellence technologique et les anticipations de croissance du secteur ont en effet conduit les gouvernements à développer des programmes nationaux robotiques ambitieux.

En Corée, notamment, le plan gouvernemental « 21st Century Initiative » engage l'État à investir 1 milliard de dollars sur dix ans de 2002 à 2012 pour la recherche et l'éducation dans le domaine de la robotique. Une conséquence immédiate de cet investissement est la présence de robots à l'école dès la maternelle et l'offre par 80 pour cent des cursus « after class » (après l'école) d'un programme spécifique robotique. Cette décision va former une génération de consommateurs avertis et de scientifiques d'élite. Des programmes similaires se développent au Japon et en Chine.

Rien ne pourra néanmoins être mis en place à grande échelle dans notre pays sans la volonté politique d'introduire des robots dans l'enseignement.

La France a l'opportunité de saisir la robolution en marche en décidant d'un plan robotique à l'école qui permettrait la formation de roboticiens et d'établir notre pays en champion de ce secteur majeur du XXIe siècle.

Les trois campagnes du plan robotique national

En complément de cette initiative majeure, l'affirmation des ambitions de la France dans le secteur robotique donnerait un éclairage particulier à notre pays. Pourquoi laissons-nous à la Corée du Sud ou au Japon le monopole de l'innovation dans le domaine ?

Un plan robotique national pourrait établir une stratégie autour de trois axes : communication, investissement et équipement.

Depuis que ce terme a été combattu idéologiquement, le terme plan a mauvaise presse quand il s'agit de politique économique. Pourtant, à l'heure de grands bouleversements, l'État doit se mêler des grandes orientations industrielles. La robolution n'est pas une affaire privée. Elle touche l'éducation, la santé et la sécurité des citoyens, l'emploi à grande échelle, autant de questions sociétales auxquelles la société civile seule ne peut répondre. C'est une collaboration entre les entreprises, le monde de la recherche et les pouvoirs publics qui révélera notre compétitivité dans ce domaine de la robotique de service.

La communication est essentielle. Elle permet la cristallisation des intérêts autour d'un thème. Pendant toute la dernière décennie, l'Internet a fait une préemption totale sur l'innovation et a capté l'attention et l'argent de millions d'investisseurs. D'autres domaines scientifiques, comme la catalyse ou la bio-tech, tout aussi révolutionnaires mais moins en vue, ont pâti de manque de moyens et ont progressé moins vite. Les causes du développement durable et de l'énergie propre semblent les nouveaux centres d'intérêt généraux où se ruent les capitaux dans l'espoir de rentabilité rapide. Jusqu'à ce qu'une nouvelle mode siphonne leur attention et qu'ils passent à autre chose.

Je ne commente pas ici une compétition stérile entre secteurs d'activités mais tente de faire comprendre que les investisseurs, les banquiers, puis, plus grave encore, les jeunes, dans leurs choix de formation, sont conditionnés par le discours ambiant relayé par les médias. « Vae victis ! », malheur aux vaincus de la bataille du faire savoir !

Les enjeux de l'intelligence apportée aux objets et de la robotique sont complexes et ont besoin d'être lourdement répétés pour être compris. Cette robolution engendre tellement de bouleversements dans notre quotidien qu'il est capital d'adopter une démarche pédagogique à côté de celle économique. Il ne suffit pas d'identifier dans les entreprises ou les centres de recherche d'exceptionnels chercheurs. Il faut les aider à faire connaître leurs travaux en multipliant les occasions de les exposer. En prenant la parole et dictant une direction, l'État pourrait mobiliser de l'énergie et des moyens.

Une fois la parole engagée, il serait bon de la soutenir par des actions concrètes. Dans le cadre d'une relance de l'industrie en France, la robotique présente l'avantage d'être un secteur sans référence historique de coûts. La plupart des robots sont des produits nouveaux dont la valeur perçue est souvent bien supérieure à la valeur réelle. Cette situation devrait permettre de dégager des marges suffisantes pour installer durablement une filière industrielle de la robotique en France. L'écosystème est prêt : le montage de cartes électroniques, la plasturgie, la mécanique sont des compétences qui souffrent mais sont en place dans notre pays. Construire des robots est très similaire à monter des voitures ou des machines-outils. Diversifier l'activité des sous-traitants de ces métiers vers la robotique est une voie à explorer. Dans le cadre du plan robotique national, l'État pourrait soutenir les initiatives dans ce sens par un investissement direct en formation et une stimulation aux investissements dans le secteur.

Ce soutien devrait aussi venir de commandes à destination des acteurs industriels de la robotique pour les aider à se structurer et partir à l'assaut du monde. C'est le modèle choisi par la Corée du Sud ou la Chine. J'ai déjà évoqué le plan robotique à l'école, mais les chapitres de cet ouvrage décrivent l'étendue des possibles : sécurité des biens et des personnes, santé publique... Toutes les activités de la vie quotidienne seront touchées par la robotique. Pour toute la partie infrastructure et notamment le transport, l'État ne peut qu'être partie prenante comme il l'a été pour le téléphone, le câble ou les autoroutes.

Au travers de ces actions de communication, d'investissement et d'équipement, le plan robotique national est un élan capital pour positionner la France au plus haut niveau de la compétition.

Nous avons su pour d'autres industries relever le gant et concevoir des merveilles. Si la France a une place prépondérante dans l'énergie nucléaire, l'aviation, le transport par rail, la chimie lourde, c'est parce que ces politiques d'intérêt général ont été décidées et organisées du plus haut niveau de l'État.

La robolution n'est pas une figure de style ni un lifting marketing. C'est un nouveau prisme de lecture des sciences et techniques. Nous n'avons pas, nous n'aurons pas le choix de laisser passer cette vague porteuse de valeur ajoutée et d'emplois.

Viva la robolution !

J'ai choisi le titre de ce livre en référence au slogan révolutionnaire rendu célèbre par une bande de Mexicains rebelles auxquels les armées qu'ils combattaient n'accordaient aucun crédit. Plantées dans leurs certitudes, elles n'avaient pas compris la pression de l'insupportable qui réclamait des changements profonds.

Viva la robolution est un cri. Cri d'appel pour ne pas rater l'occasion du changement d'ère industrielle. Cri d'espoir d'être entendu sur cette nouvelle croissance. Cri de joie de savoir qu'il reste tant à faire. Mais également cri d'alarme pour avertir de notre propre transformation.

On caricature à tour de bras la science. On place tous ses espoirs en elle ou l'accuse de mille maux. Elle souffre d'être soit trop simplifiée pour la rendre accessible ou trop complexifiée pour masquer l'ignorance. Elle n'est juste qu'un élément de nos vies humaines. On peut mécaniser, automatiser, informatiser, systématiser, modéliser, formater, codifier, structurer, optimiser grâce à la science. Mais ses pouvoirs s'arrêtent là.

Les robots qui vont nous accompagner nous apporteront plus de confort matériel. Ils vont aussi permettre de nous dépasser, de visiter l'infiniment grand et le ridiculement petit. Ils soulageront et amuseront, piloteront nos voitures et entretiendront nos maisons. L'homo robotus, l'homme augmenté, va naître. La vie dans cinquante ans sera-t-elle plus belle ?

Pas si, parallèlement à cette révolution technique et à la réinvention de notre relation à la machine, nous ne saisissons pas l'occasion exceptionnelle de redéfinir également notre rapport à l'humain. Libérés d'un certain nombre de contraintes quotidiennes, ayons la sagesse d'utiliser ce temps libre pour l'écoute, le soutien ou le rire avec nos pairs.

Viva la robolution marque surtout l'entrée d'un nouveau territoire où il n'y aura plus d'excuses à ne pas avoir de temps pour les autres.

Lyon, le 10 mars 2010,
pour mon fils Balthazar.

Références

QUESTIONS POUR UN ROBOT

http://www.liralab.it/teaching/ROBOTICA/docs/brooks.1990.pdf

S'IL TE PLAÎT, DESIGN-MOI UN ROBOT

http://www.wowwee.com/en/products/toys/robots/robotics:robosapiens

http://www.aldebaran-robotics.com/

http://www.robotcub.org/

http://robotic.media.mit.edu/

http://www.takanishi.mech.waseda.ac.jp/top/index.htm

http://www.kondo-robot.com/EN/

http://www.kyosho.com/jpn/products/robot/index.html

http://www.yujinrobot.com/english/

ESPÈCES EN VOIE D'APPARITION, LES ROBAUX

http://www.bostondynamics.com/robot_bigdog.html

http://www.bostondynamics.com/img/BigDog_Overview.pdf

http://www.aist.go.jp/aist_e/sst/exhibition_guide/04.html
http://www.darpa.mil/
http://support.sony-europe.com/aibo/index.asp
http://www.slashgear.com/sega-toys-yume-neko-dream-cat-venus-robo-kitty-gets-an-upgrade-0648606/
http://www.parorobots.com/index.asp
http://www.robotswim.com/index.php?lan=fr
http://www.festo.com/cms/en-us_us/5889_6297.htm

DOCTEUR RO ET MISTER BOT

http://www.rubbishcorp.com/apripoko/
http://twendyone.com/index_e. html
http://asimo.honda.com/
http://hubolab.kaist.ac.kr/index.php
http://www.hansonrobotics.com/index.html
http://www.projetromeo.com/index.html
http://www.aldebaran-robotics.com/
http://www.robosoft.com/eng/
http://healthcare-robotics.com/
http://www.cyberdyne.jp/English/
http://corporate.honda.com/innovation/walk-assist/
http://www.berkeleybionics.com/

http://www.argomedtec.com/technology.asp
http://www.intuitivesurgical.com/index.aspx
http://www.cardiorobotics.com/
http://www.doublevue.fr/pdf_select/422_1_fr. pdf
http://www.iward.eu/cms/index.php
http://www.physorg.com/news148727070.html
http://www.parorobots.com/
http://www.nec.co.jp/products/robot/en/index.html
http://www.mhi.co.jp/kobe/wakamaru/english/

BIENVENUE À ROBOT CITY

http://www.gqmagazine.fr/lifestyle/design/slideshow/090428-les-villes-du-futur.aspx ?idx=5

http://www.darpa.mil/

http://www.darpa.mil/grandchallenge/index.asp

http://www.dotmobil.com/

http://www.ultraprt.com/cms/

http://www.inria.fr/actualites/2009/vantaa_cycab.en. html

http://www.robosoft.com/eng/sous_categorie.php?id=1023

http://www.unimodal.com/

http://www.bloomenergy.com/

http://www.ozwe.com/

http://www.fkaplan.com/en/

http://www.rolexlearningcenter.ch/

À QUOI ASPIRENT LES ROBOTS ?

http://www.irobot.com/fr/home_robots. cfm

http://mintcleaner.com/

http://www.neatorobotics.com/

http://www.husqvarna.com/fr/homeowner/products/robotic-mowers/husqvarna-robotic-mowers-for-homeowners/

http://www.litter-robot.com/

http://news.ufl.edu/2002/04/24/bottlebot/

MICRO ET NANO-ROBOTS

http://robotics.eecs.berkeley.edu/˜ronf/

http://micro.seas.harvard.edu/

http://www.swarmanoid.org/

http://www.cs.cmu.edu/~claytronics/
http://www.isi.edu/robots/superbot.htm
http://ccsl.mae.cornell.edu/
http://www.symbrion.eu/tiki-index.php
http://www.zyvex.com/nanotech/feynman.html
http://www.phys.ualberta.ca/~wolkow/

MANIFESTE POUR UNE ROBOLUTION
http://gostai.com/
http://www.pob-technology.com/
http://www.wanyrobotics.com/
http://robopolis.com/

http://www.gdr-robotique.fr/
http://www.syrobo.org/Joomla/index.php
http://www.capdigital.com/robotique-et-objets-communicants/

Remerciements

Je souhaite remercier les personnes qui m'ont aidé et soutenu pour la rédaction de cet ouvrage :

En premier lieu Christelle qui m'accompagne tous les jours dans les joies et les tempêtes de vie que nous traversons ensemble. Elle est ma foi.

Bien que leur ayant déjà dédié cet essai, mes enfants : Virginie, l'indomptable, Benjamin, l'idéaliste, Marine, l'harmonique, et Balthazar, le lumineux, portent tous cette lueur d'espérance du meilleur du futur et se battent pour le forger. Ils sont ma force.

Mes parents et mes sœurs, Marie-Pierre et Catherine, indissociables de mes actes, distillent leur amour pudique qui m'est une ancre fondamentale. Ils sont mon havre.

Puis viennent les collaborateurs qui mettent en œuvre ce nouveau monde chez Robopolis. En tout premier lieu Catherine, l'impétueuse, qui est indispensable à mes côtés. Mais aussi toute l'équipe qui relève le gant des défis de l'innovation avec mon partenaire Denis. Ils sont ma voix.

Enfin mes amis qui m'apportent dans nos conversations l'énergie de convaincre, la douceur du partage et le confort de la confiance. À vous tous, Christophe,

Jean-Louis, Thomas, Marie, Jérôme, Luc, Cécile, Franck, Véronique, Guy, Christelle, Frédéric, Vincent, Philippe, Éric, Gilles… et tant d'autres qui me pardonneront de ne pas les citer. La plupart ne se connaissent pas et pourtant, ils sont tous ma richesse.

Mais par-delà notre réalité, je voudrais remercier mon frère, prince d'équinoxe, trop tôt parti voir les étoiles. Olivier, où que tu sois, sache que tu gardes mon âme.

Table

II. ROBOTS AU COIN DU SIÈCLE

Pour l'éditeur, le principe est d'utiliser des papiers composés de fibres naturelles, renouvelables, recyclables et fabriquées à partir de bois issus de forêts qui adoptent un système d'aménagement durable.

En outre, l'éditeur attend de ses fournisseurs de papier qu'ils s'inscrivent dans une démarche de certification environnementale reconnue.

Cet ouvrage a été composé
par Nord Compo à Villeneuve-d'Ascq
et achevé d'imprimer en avril 2011
sur les presses numériques de l'Imprimerie Maury S.A.S.
Z.I. des Ondes – 12100 Millau

N°d'édition : 02 – N° d'impression : C11/46161 V
Dépôt légal : avril 2011

Imprimé en France